Elena Grizenko

FinTechs

Chancen und Risiken für die traditionellen Geschäftsmodelle von Banken

Bibliografische Information der Deutschen Nationalbibliothek:

Die Deutsche Nationalbibliothek verzeichnet diese Publikation in der Deutschen Nationalbibliografie; detaillierte bibliografische Daten sind im Internet über http://dnb.d-nb.de abrufbar.

Impressum:

Copyright © Studylab 2018

Ein Imprint der Open Publishing GmbH

Druck und Bindung: Books on Demand GmbH, Norderstedt, Germany

Coverbild: Open Publishing | Freepik.com | Flaticon.com | ei8htz

Inhaltsverzeichnis

Abbildungsverzeichnis

1 Einleitung

1.1 Problemstellung und Zielsetzung

„The digitization of just about everything [...] is the most important phenomena of recent years.“[1]

Die Digitalisierung tangiert alle Lebensbereiche und hat weitreichende Auswirkungen auf gesamtwirtschaftlicher Ebene. Sie verändert Konsumverhalten, Kommunikation, Strukturen, bestehende Normen und Werte. Der Strukturwandel zwingt Unternehmen dazu, umzudenken und sich digital aufzustellen, um den neuen Anforderungen der Konsumenten gerecht werden zu können und ihre Wettbewerbsfähigkeit zu sichern.[2]

Wie gravierend die Auswirkungen der Digitalisierung auf eine Branche sein können, lässt sich am Bespiel der Musikindustrie veranschaulichen. Die Transformation von einem erfolgreichen Geschäftsmodell mit physischen Tonträgern über digitale Vertriebsmodelle zu Streaming-Diensten zeigt zum einen, dass sich durch die Digitalisierung vielfältige Chancen ergeben. Zum anderen, dass bei einer nicht erfolgten oder nicht erfolgreichen Anpassung an die veränderten Anforderungen des Marktes die Gefahr der Verdrängung vom Markt besteht.[3]

Auch im Finanzsektor zeigen sich die Auswirkungen der Digitalisierung. Ausgehend von der manuellen und papierhaften Durchführung sämtlicher Transaktionen, über mehrere Zwischenstufen der Entwicklung zu elektronischen, automatisierten Systemen, deren Funktionalität immer weiter zunimmt - das Bankgeschäft entwickelt sich durch IT stetig weiter.[4]

Ein relativ neues Phänomen der Digitalisierung im Finanzsektor sind sogenannte FinTechs. Nicht-Banken, die auf Konsum- und Surfverhalten der Nutzer zugeschnittene Lösungen für Smartphones und Tablet-PCs in Form von Apps und webbasierten Anwendungen anbieten.[5] Der Fokus dieser Anwendungen liegt meist auf einem bestimmten Kundenprozess wie beispielsweise Zahlungsverkehr,

---

[1] Brynjolfsson/ McAfee, 2014, S. 66.
[2] Vgl. Dapp, 2014, S. 3 f.; Vgl. Kinting/ Wißmann, 2016, S. 9.
[3] Vgl. Dapp, 2014, S. 13.
[4] Vgl. Alt/ Puschmann, S. 36-40.
[5] Vgl. Dapp, 2014, S. 5.

Finanzierung oder Geldanlage.[6] Damit treten FinTechs als neue Akteure in Geschäftsfelder ein, die traditionell von Banken und Sparkassen abgedeckt werden.[7] Vielzählige Befragungen ergeben, dass von FinTechs angebotene Produkte und Services immer bekannter und beliebter werden.[8] Auch aus dem Anstieg der Suchanfragen nach dem Stichwort FinTech bei der Suchmaschine Google lässt sich ein wachsendes Interesse für die FinTech-Technologien ableiten. Deutschland befindet sich, gemessen an der Anzahl der Suchanfragen, weltweit auf Platz neun.[9]

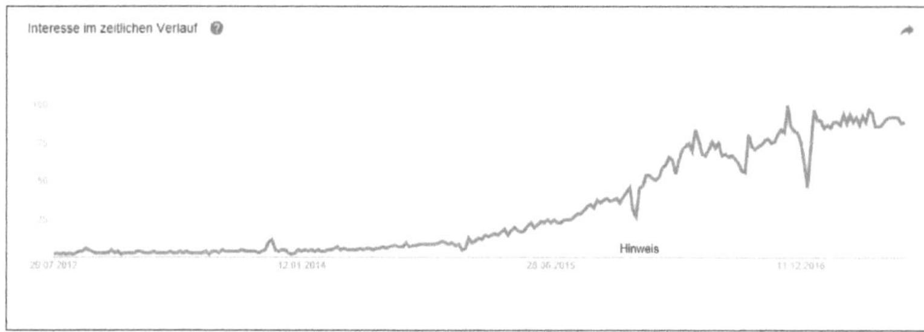

Abbildung 1: Weltweites Interesse im zeitlichen Verlauf gemessen an der Anzahl der Suchanfragen bei Google[10]

Im Rahmen dieser Arbeit soll erarbeitet werden, inwiefern FinTechs eine Konkurrenz oder disruptive Technologie für die Geschäftsmodelle von Kreditinstituten darstellen bzw. Chancen und Potenziale für Banken aus den Lösungen der FinTechs identifiziert werden können.

1.2 Aufbau und Vorgehensweise

Nach der Einleitung werden die theoretischen Grundlagen erarbeitet, die für das Verständnis der Arbeit notwendig sind. Hierfür wird zunächst der Begriff FinTech definiert und dargestellt, wie das Geschäftsmodell von Kreditinstituten aufgebaut ist. Des Weiteren erfolgt im zweiten Kapitel die Erläuterung des SWOT-Modells, das für die Analyse in Kapitel vier angewandt wird. In Kapitel 2.4 werden Anfor-

---

[6]   Vgl. Alt/ Puschmann, 2016, S. 95.

[7]   Vgl. Romanova/ Kudinska, 2016, S. 21.

[8]   Vgl. Romanova/ Kudinska, 2016, S. 27.

[9]   Vgl. Google, 2017, online im Internet.

[10]   Google, 2017, online im Internet.

derungen aufgestellt, unter denen FinTechs eine disruptive Technologie, also eine Gefahr für das klassische Geschäftsmodell eines Kreditinstituts, darstellen.

Im dritten Kapitel dieser Arbeit wird der FinTech-Markt in Deutschland anhand einer Studie des Bundesfinanzministeriums für Finanzen beleuchtet. Es werden zunächst Aussagen zum FinTech-Markt allgemein getätigt. Anschließend folgt die differenzierte Betrachtung des Geschäftsmodells und der Unternehmensgeschichte von zwei Best-Practice-Beispielen des deutschen FinTech-Marktes.

In Kapitel vier erfolgt anhand des SWOT-Modells die Analyse der von FinTechs ausgehenden Chancen und Risiken für die Geschäftsmodelle von Kreditinstituten. Im ersten Schritt werden durch eine Analyse der Stärken und Schwächen der Geschäftsmodelle von Kreditinstituten deren Kernkompetenzen herausgearbeitet. Im nächsten Schritt folgt die externe Analyse. Hier werden die Chancen und Risiken für Kreditinstitute durch den externen Faktor FinTechs erarbeitet. Anschließend werden die aus interner und externer Analyse erlangten Erkenntnisse in Form der Matrix des SWOT-Modells dargestellt. Im Gliederungspunkt 4.4 wird ein Bezug zu den in Punkt 2.4 aufgestellten Anforderungen genommen, unter denen FinTechs eine disruptive Technologie darstellen. Nach einer ausführlichen Auseinandersetzung sowohl mit dem klassischen Geschäftsmodell von Kreditinstituten als auch mit dem FinTech-Markt wird Bezug nehmend auf die formulieren Anforderungen eingeordnet, ob es sich bei FinTechs um eine disruptive Technologie handelt.

Im nächsten Abschnitt der Arbeit werden Handlungsempfehlungen für Kreditinstitute formuliert. Sie sollen die Antwort auf die Frage liefern, wie Kreditinstitute strategisch mit FinTechs umgehen sollten. Hier werden die Möglichkeiten dargestellt, wie Kreditinstitute von FinTech-Technologien profitieren können. Im letzten Teil der Arbeit werden die zentralen Erkenntnisse der Arbeit zusammenfassend aufgezeigt.

2 Theoretische Grundlagen

2.1 Definition FinTech

Der Begriff FinTech ist eine Kombination aus Financial Services und Technology. Die Geschäftsmodelle der FinTechs sind teilweise sehr unterschiedlich, deshalb gibt es keine einheitliche und geschlossene Definition. Grundsätzlich werden unter dem Begriff innovative technologische Lösungen für die Bereitstellung von Finanzprodukten durch Nicht-Banken verstanden.[11] Als Finanzinnovationen werden neue Lösungen bezeichnet, die einen Fortschritt hinsichtlich der Kostensenkung, Risikoreduktion oder Bedürfnisbefriedigung der Nachfrager bringen.[12]

Anbieter sind meist Start Ups. Der Begriff FinTech wird oft mit dem anbietenden Unternehmen gleichgesetzt.[13] Auch im Rahmen dieser Arbeit wird unter dem Begriff FinTech der Anbieter der Technologie verstanden.

FinTechs bieten App-basierte oder webbasierte Anwendungen an. Diese sind intuitiv bedienbar, einfach aufgebaut, schnell und unkompliziert. Die Anwendungen sind auf die Ansprüche des modernen, internetaffinen Kunden zugeschnitten. Der Kundennutzen steht im Fokus.[14]

Die Vorgehensweise von FinTechs lässt sich folgendermaßen beschreiben: Teile der Wertschöpfungskette von Banken werden herausgelöst. Davon sind primär die Prozesse betroffen, die ohne Schwierigkeiten standardisiert darstellbar sind. Demnach beschränken sich die von FinTechs angebotenen Produkte bisher hauptsächlich auf solche, die ohne regulatorische Hürden bzw. Banklizenz angeboten werden können.[15]

Im nächsten Schritt werden diese Prozesse automatisiert. Durch die Automatisierung können Transaktionskosten gesenkt werden. Damit treten neue Akteure mit

---

[11] Vgl. Springer Gabler Verlag, 2017a, online im Internet; Danker, 2016, S. 18; Deutsche Bundesbank, 2016, S. 72; Dorfleitner/ Hornuf, 2016, S. 5.

[12] Vgl. Frame/ White, 2014, S. 274.

[13] Vgl. Deutsche Bundesbank, 2016, S. 72.

[14] Vgl. Dapp, 2014, S. 5; Danker, 2016, S. 18.

[15] Vgl. Deutsche Bundesbank, 2016, S. 72; Dapp, 2014, S. 16; Dapp, 2014, S. 18.

modernen und günstigen Lösungen als Konkurrenten in den Markt der Finanzprodukte ein, der lange Zeit nur von Banken abgedeckt wurde.[16]

Es gibt verschiedene Ansätze, um die unterschiedlichen von FinTechs angebotenen Anwendungen logisch zu systematisieren. Beispielsweise können diese entsprechend ihrer Funktionen kategorisiert werden. Dadurch ergeben sich die vier möglichen in folgender Abbildung dargestellten Kategorien für die Zuordnung der FinTechs.[17]

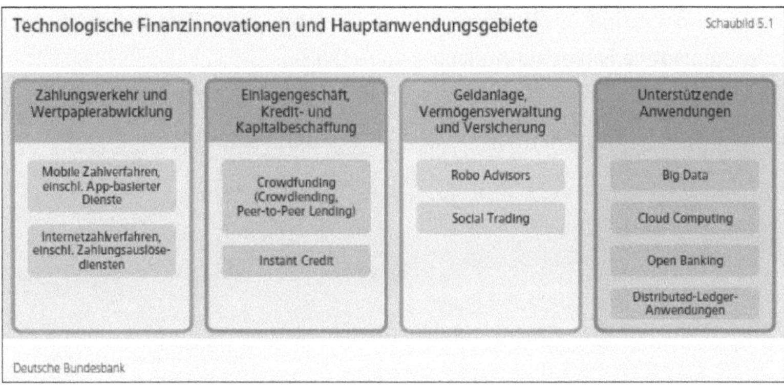

Abbildung 2: FinTechs kategorisiert nach ihren Hauptanwendungsfeldern im Finanzsektor[18]

Eine weitere Möglichkeit der Segmentierung ist die Einteilung der Geschäftsfelder von FinTechs in Anlehnung an die Wertschöpfungsbereiche einer Bank. Diese Einteilung ermöglicht eine bessere Vergleichbarkeit mit dem Geschäftsmodell eines klassischen Kreditinstitutes. In Abbildung drei sind die vier großen Bereiche und deren Unterkategorien, denen FinTechs zugeordnet werden können, dargestellt.[19]

Das erste dargestellte Segment der Finanzierung wird unterteilt in Crowdfunding und Kredite und Factoring. Crowdfunding ist eine alternative Finanzierungsart, bei der die Mittel durch eine Vielzahl an Personen zur Verfügung gestellt werden. Verwendungszweck einer Finanzierung über Crowdfunding sind vor allem sozia-

---

[16] Vgl. Deutsche Bundesbank, 2016, S. 72; Dapp, 2014, S. 17; Dapp, 2014, S. 5; Kinting/Wißmann, 2016, S. 6.

[17] Vgl. Deutsche Bundesbank, 2016, S. 72.

[18] Deutsche Bundesbank, 2016, S. 73.

[19] Vgl. Dorfleitner/ Hornuf, 2016, S. 5.

le, karitative oder kreative Projekte bzw. die Kapitalbeschaffung von Start-Ups, die über die klassische Finanzierung bei einer Bank keinen Zugang zu Kapital bekommen. Abhängig von den vereinbarten Rückzahlungsmodalitäten wird Crowdfunding nach weiteren Unterkategorien differenziert. Beim spendenbasierten Crowdfunding bekommt die Crowd keine Gegenleistung, beim gegenleistungsbasierten Crowdfunding eine nicht monetäre Gegenleistung und beim Crowdinvesting erhält die Crowd einen Anteil am Kapital. Kreditnehmer können Privatpersonen oder Unternehmen sein.[20] Neben dem Crowdfunding gibt es auch FinTechs, die in Kooperation mit Banken ohne Einbeziehung der Crowd Kredite vermitteln oder innovative Factoring-Konzepte anbieten.[21]

---

[20]   Vgl. BaFin, 2016, online im Internet; Dorfleitner/ Hornuf, 2016, S. 5 f.
[21]   Vgl. Dorfleitner/ Hornuf, 2016, S. 7.

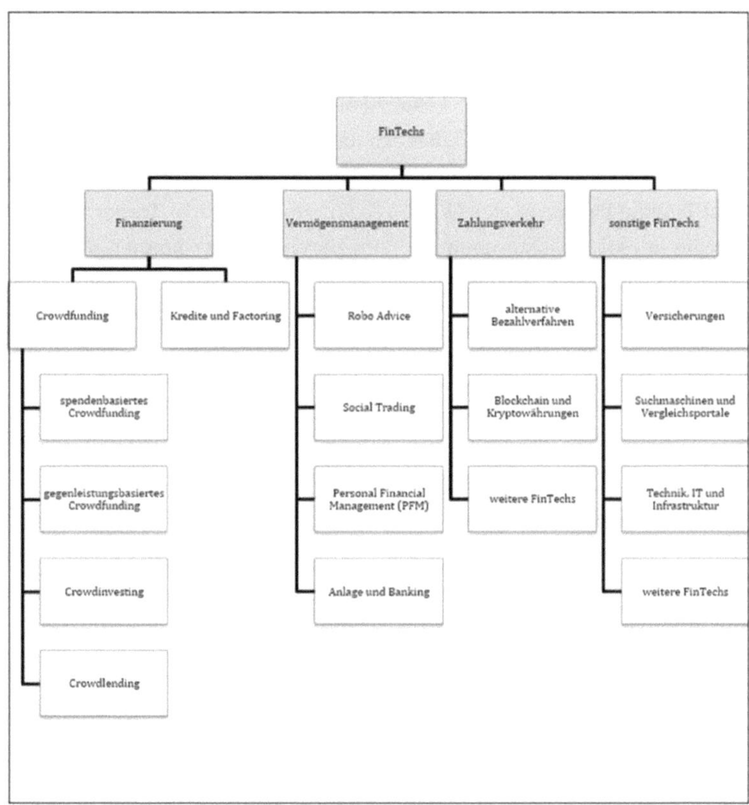

Abbildung 3: FinTechs systematisiert nach den Wertschöpfungsbereichen einer Universalbank[22]

Das zweite dargestellte Segment der FinTechs ist das Vermögensmanagement. Zu dieser Kategorie gehören FinTechs, die Vermögensverwaltung, Vermögensanlage, Beratung oder eine aggregierte Darstellung persönlicher Finanzdaten anbieten. Unterkategorien sind Robo-Advice, Social Trading, Personal Financial Management, Anlage und Banking.[23]

Robo-Advice ist ein Tool, das dem Anleger zu einer Anlageentscheidung verhilft und dabei auf menschliche Interaktion verzichtet. Die Beratung durch einen Ex-

---

perten wird dabei durch eine automatisierte, auf Algorithmen basierende Lösung ersetzt.[24]

Social Trading überträgt das Leader-Follower-Prinzip sozialer Plattformen auf Handelsplattformen und ermöglicht so die Kombination der Anlagestrategien privater und professioneller Trader. Ein bekanntes Beispiel für eine erfolgreiche Social Trading Plattform ist Wikifolio. Wikifolio ermöglicht Tradern, ihre Handelsstrategie in einem Musterdepot zu publizieren. Anleger können nach dem Social Media-Prinzip dieser Anlagestrategie folgen. Auch hier trifft der Anleger seine Investitionsentscheidung selbstständig ohne einen Berater.[25]

Personal Financial Management-Anwendungen ermöglichen den konsolidierten Überblick über alle bestehenden Konten, Anlagen und Kredite der verschiedenen Bankverbindungen. Alle Informationen werden in einer Anwendung zusammengeführt.[26]

Unter die Kategorie Anlage und Beratung fallen FinTechs, deren Geschäftsmodell zwar auf dem Vermögensmanagement basiert, die aber nicht den anderen Unterkategorien zugeordnet werden können. Beispielweise gibt es FinTechs, die Anlageberatung anbieten. Diese FinTechs sind allerdings nicht wie Robo-Advice vollkommen automatisiert und verzichten nicht absolut auf menschliche Interaktion.[27]

Das dritte dargestellte Segment ist das Zahlungsverkehr-Segment mit den dazugehörigen Unterkategorien alternative Bezahlverfahren, Kryptowährungen und weiteren FinTechs. Zum vierten Segment der sonstigen FinTechs werden solche zugeordnet, die aufgrund ihres Geschäftsmodells nicht den anderen Segmenten der klassischen Wertschöpfungsbereiche von Banken zugeordnet werden können.

Bereits aus diesem groben Überblick über die möglichen Geschäftsmodelle von FinTechs ist erkennbar, wie unterschiedlich das Tätigkeitsfeld, die individuelle Ausgestaltung und Strategie der Unternehmen sein kann. Aus diesem Grund ist die Einschätzung, ob das FinTech für seine Tätigkeiten einer Erlaubnis seitens der

---

[24] Vgl. BaFin, 2017a, online im Internet.
[25] Vgl. Kern, 2017, S. 190; Wikifolio, 2017, online im Internet.
[26] Vgl. Dorfleitner/ Hornuf, 2016, S. 8.
[27] Vgl. Dorfleitner/ Hornuf, 2016, S. 8.

BaFin bedarf, schwierig und nur individuell zu beantworten. Grundsätzlich sind die Tätigkeiten im Sinne des §1 KWG erlaubnispflichtig.[28]

2.2 Geschäftsmodell eines Kreditinstituts

Die Legaldefinition eines Kreditinstituts findet sich in §1 KWG. Darunter sind Unternehmen zu verstehen, die gewerbsmäßig Bankgeschäfte betreiben. Zu Bankgeschäften im Sinne des §1 KWG zählen unter anderem das Einlagengeschäft, das Kreditgeschäft und das Depotgeschäft. Alle Kreditinstitute im Sinne des KWG sind Geschäftsbanken. In Deutschland sind sogenannte Universalbanken vorherrschend.[29] Diese lassen sich folgendermaßen im Geschäftsbankensystem einordnen:

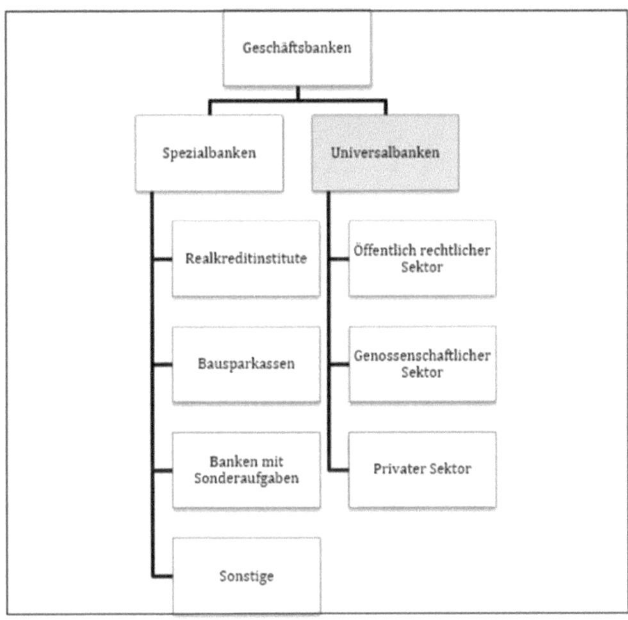

Abbildung 4: Einordnung der Universalbanken im Geschäftsbankensystem in Deutschland[30]

---

28 Vgl. BaFin, 2017b, online im Internet; §32 KWG.
29 Vgl. Bott, 2000, S. 20.
30 Eigene Darstellung in Anlehnung an Hellenkamp, 2015, S.15.

Im Gegensatz zu Spezialbanken, deren Geschäftsfeld sich auf eine Tätigkeit der in §1 KWG aufgezählten Bankgeschäfte beschränkt, führen Universalbanken Einlagen-, Kredit- und Effektengeschäft gleichzeitig aus.[31]

Eine wichtige Determinante der Geschäftsmodelle von Kreditinstituten sind die rechtlichen Regulierungen. Weil Banken gesamtwirtschaftlich betrachtet für die Stabilität von Bedeutung sind, gibt es viele gesetzliche Bestimmungen, die von Banken zu beachten sind. Die Gesamtheit der für Banken relevanten Gesetze ist nicht in einem Gesetzestext zusammengefasst, sondern ergibt sich aus der Kombination verschiedener Gesetzestexte.[32]

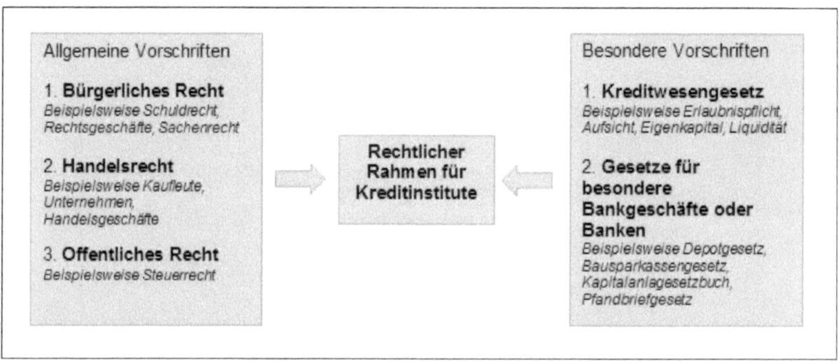

Abbildung 5: Rechtlicher Rahmen für Kreditinstitute[33]

Der Begriff Geschäftsmodell beschreibt die Struktur eines Unternehmens, dessen Ziel es ist, einen Mehrwert für den Kunden zu schaffen und Ertrag zu generieren. In der wissenschaftlichen Literatur herrscht die Meinung vor, dass Geschäftsmodell und Strategie nicht gleichzusetzen sind, obwohl die beiden Begriffe in nichtwissenschaftlicher Literatur fälschlicherweise oft synonym verwendet werden. Das Geschäftsmodell beschränkt sich auf die Interaktion der einzelnen Subelemente des Unternehmens und berücksichtigt nicht den Wettbewerb, während die Strategie des Unternehmens primär nach außen gerichtet ist und eine Wettbewerbspositionierung beinhaltet.[34]

---

[31] Vgl. Bott, 2000, S. 20; Büschgen/ Börner, 2003, S. 57.

[32] Vgl. Hellenkamp, 2015, S. 54 f.

[33] Eigene Darstellung in Anlehnung an Hellenkamp, 2015, S. 16.

[34] Vgl. Springer Gabler Verlag, 2017b, online im Internet; Schmidt, 2014, S. 95-98; Zollenkop/ Lässig, 2017, S. 70.

Um das Geschäftsmodell einer Universalbank zu beschreiben, sind folgende Aspekte relevant: Welchen Nutzen bringt das Angebot der Bank dem Kunden? Wie ist der Wertschöpfungsprozess gestaltet? Wie wird der Ertrag generiert? Das Geschäftsmodell beantwortet diese Fragestellungen.[35]

Zunächst folgt die Betrachtung der Nutzendimension. Der Bedarf der Marktsubjekte, also privater Haushalte und Unternehmen, einer modernen Volkswirtschaft an Finanzprodukten ist groß. In unterschiedlichen Lebensstadien fragen sie Lösungen für Zahlungsverkehr, Finanzierungen, Anlage und Risikovorsorge nach. [36]

Um die unterschiedlichen Bedürfnisdimensionen der Kunden zu analysieren, eignet sich die Übertragung der Maslow'schen Bedürfnispyramide auf die Finanzbedürfnisse. Analog zur klassischen Bedürfnispyramide sind auch bei der Anwendung auf Finanzprodukte die Bedürfnisse hierarchisch gestaffelt. Beginnend bei dem elementaren Grundbedürfnis nach einer Kontoverbindung hin zu dem obersten Bedürfnis nach Selbstverwirklichung. Übertragen auf die Finanzbedürfnisse würde Selbstverwirklichung die Möglichkeit zur eigenständigen Aneignung von Wissen und die Möglichkeit zur Einflussnahme auf die Umwelt durch die Wahl des Finanzproduktes bedeuten.[37] Mit der breiten Angebotspalette einer Universalbank können die unterschiedlichen Bedürfnisse durch nur eine Bank befriedigt werden.

---

35 Vgl. Schmallo, 2013, S. 48-56; Büschgen/Börner, 2003, S. 200.
36 Vgl. Schildbach, 2012, S. 4; Kinting/ Wißmann, 2016, S. 12.
37 Vgl Auge-Dickhut/ Koye/ Liebetrau, 2015, S. 196 f.

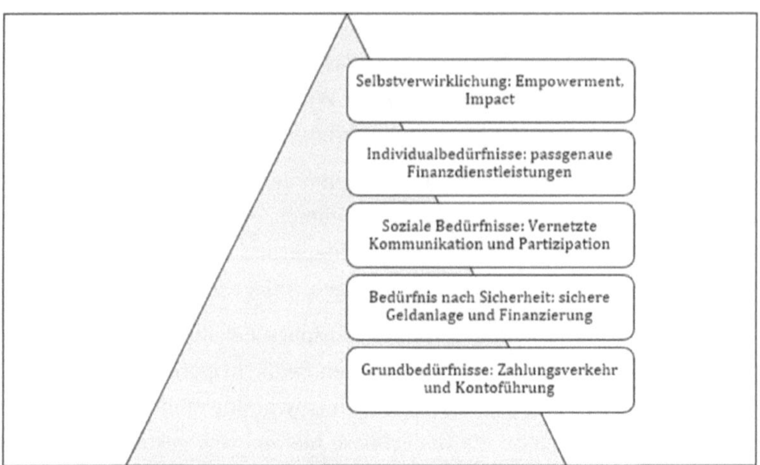

Abbildung 6: Finanzbedürfnispyramide[38]

Durch die Versorgung durch eine Universalbank hat der Kunde zwei große Vorteile. Zum einen kann er Kostenvorteile realisieren, denn die Erhebung der für die Beratung notwendigen Informationen erfolgt nur ein Mal. Zukünftige Beratungsbedarfe basieren auf diesen Informationen. Zum anderen kann die Universalbank auf der Grundlage der vorhandenen umfassenden Informationen zum Kunden individuell und ganzheitlich beraten.[39]

Der Kunde hat also durch die Bereitstellung von Finanzprodukten mehrere Nutzen. Durch die Funktionen der angebotenen Produkte wird der Bedarf an Zahlungsverkehr, Finanzierung, Anlage und Sicherheit befriedigt. Außerdem hat er einen ökonomischen Nutzen in Form einer Kostenersparnis wegen der effizienten Informationsaufnahme und Informationsverwendung durch die Universalbank. Des Weiteren hat der Kunde bei einer Bereitstellung verschiedener Produktarten durch eine Bank den Nutzen der Zeitersparnis bei der Beschaffung.[40]

Immer wichtiger werden Sozial- und Individualbedürfnisse, also Bedürfnisse nach Vernetzung beziehungsweise nach permanenter Verfügbarkeit und Individualisierung der Bankdienstleistungen. Im Zeitalter der Digitalisierung hat sich die Erwartungshaltung der Konsumenten verändert. Kunden erwarten eine ka-

---

³⁸ Eigene Darstellung in Anlehnung an Auge-Dickhut/ Koye/ Liebetrau, 2014, S. 138.
³⁹ Vgl. Schildbach, 2012, S. 4.
⁴⁰ Vgl. Schmallo/ Rusnjak, 2016, S. 17.

nalübergreifende und von Öffnungszeiten unabhängige, komfortable Verfügbarkeit von Bankdienstleistungen. Die Reaktion der Banken auf diese Veränderung ist die Anpassung des Geschäftsmodells in Form der Multikanalintegration. Einerseits sind Kreditinstitute immer noch analog in Form von Filialen präsent. Die Verfügbarkeit der Bankdienstleistungen wird aber durch die Einrichtung von beispielsweise einem telefonischen Kunden-Center ausgeweitet. Zusätzlich sind Kreditinstitute auch digital durch das webbasierte Online-Banking und Banking-Apps präsent. Banken entwickeln neuerdings die Multikanal-Präsenz zu einer Omni-Channel-Präsenz weiter. Bei der Gestaltung der Prozesse wird der Fokus auf die Kundenperspektive gelegt.[41]

Als nächstes folgt die Betrachtung der Wertschöpfungsdimension zur Beschreibung des Geschäftsmodells eines klassischen Kreditinstituts. Im Grunde bestehen im volkswirtschaftlichen Kontext die Daseinsberechtigung und die Basis für die Tätigkeiten einer Bank darin, dass der Markt unvollkommen ist. Da keine vollkommene Markttransparenz gegeben ist, entstehen Informationsasymmetrien. Informationen sind asymmetrisch verteilt, wenn ein Wirtschaftssubjekt im Besitz relevanter Informationen ist, während sein Gegenüber ein Informationsdefizit hat. Die Konsequenz daraus ist, dass besser informierte Wirtschaftssubjekte diesen Vorteil bei Verträgen zum Nachteil anderer Wirtschaftssubjekte nutzen könnten. Um dieses Risiko auszuschließen, würden ökonomisch sinnvolle Verträge nicht zu Stande kommen. Für den Ausgleich der Informationsasymmetrien und die Vermeidung der daraus entstehenden negativen Folgen sind Vermittler notwendig. Banken agieren als solche Vermittler und übernehmen als Finanzintermediäre volkswirtschaftlich wichtige Transformationsfunktionen.[42]

---

[41] Vgl. Dapp, 2014, S. 5; Niebudek/ Adelt, 2015, S. 3; Kinting/ Wißmann, 2016, S. 9 f.; Braun, 2016, S. 79 f.; Hellenkamp, 2015, S. 47.

[42] Vgl. Springer Gabler Verlag, 2017c, online im Internet; Büschgen/ Börner, 2003, S.18 f.; Priewasser, 2001, S. 14 f.

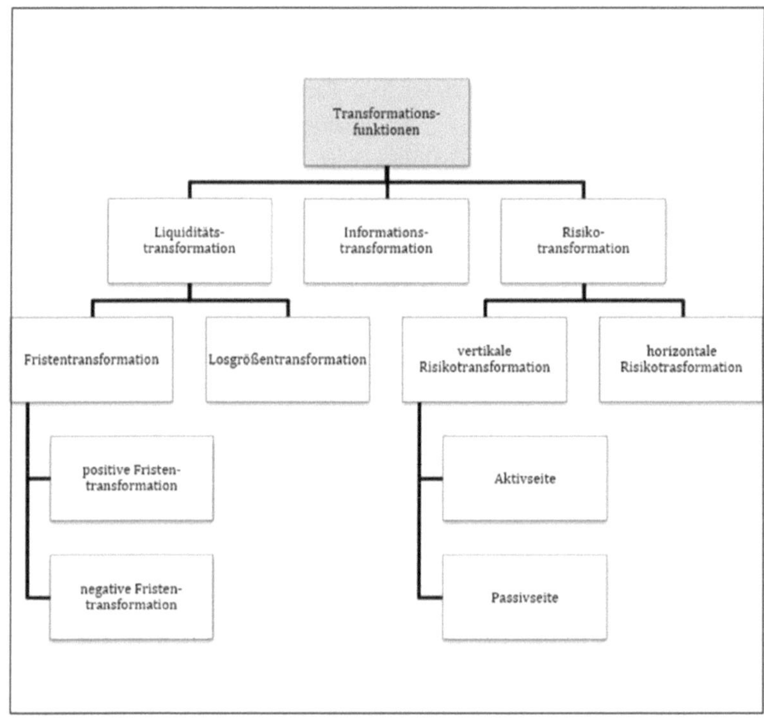

Abbildung 7: Transformationsfunktionen der Banken[43]

Banken treten als Intermediäre auf dem Markt auf und ersparen so den Wirtschaftssubjekten die Suche nach einem geeigneten Marktpartner und die daraus resultierenden Informationskosten. Diese Funktion wird als Informationstransformation bezeichnet.[44]

Neben der Informationstransformation betreiben Banken außerdem Liquiditäts- und Risikotransformation. Bei der Liquiditätstransformation differenziert man zwischen Fristen- und Losgrößentransformation. Fristentransformation bezeichnet den Ausgleich unterschiedlicher Laufzeiten der kurzfristigen Einlagen und der langfristig ausgegebenen Kredite. Losgrößentransformation bezeichnet die Trans-

---

[43] Eigene Darstellung in Anlehnung an Schierenbeck/ Hölscher, 1998, S. 22.

[44] Vgl. Büschgen/ Börner, 2003, S. 21; Priewasser, 2001, S. 15.

formation vieler kleiner Beträge, die in Form von Einlagen zufließen, in größere Beträge für die nachgefragten Kredite.[45]

Des Weiteren gehört auch die Risikotransformation zu den Funktionen der Banken. Horizontal betrachtet bedeutet es, dass Banken Bonitätsrisiken übernehmen, die sonst die Wirtschaftssubjekte selbst übernehmen müssten. Bei Zahlungsunfähigkeit von Schuldnern bekommen Gläubiger der Bank trotzdem ihre Einlagen. Vertikal betrachtet versteht man unter der Risikotransformation, dass aus Geschäften entstandene Risiken oder Verluste von einkalkulierten Risikoprämien anderer Geschäfte kompensiert werden.[46]

In der folgenden Darstellung wird eine Analogie zum industriellen Produktionsprozess hergestellt, um den konkreten Ablauf der Produktion der Bankleistungen darzustellen und zu systematisieren. Ein wichtiger Unterschied zur industriellen Herstellung substantieller Produkte ist, dass Banken immaterielle und abstrakte Dienstleistungen erstellen. Die Konsequenz daraus ist, dass keine Produktion auf Vorrat möglich ist, denn Dienstleistungen sind nicht lagerfähig. Produktion und Distribution finden gleichzeitig statt, abhängig von der auftretenden Nachfrage nach der jeweiligen Bankleistung. Banken müssen deshalb permanent ausreichende Ressourcen in Form von Personal, Räumlichkeiten und Technik vorhalten, um die Nachfrage befriedigen zu können.[47]

Die Funktion des internen Bereichs ist es, die Leistungsbereitschaft herzustellen und zu sichern. Diese Elemente sind zum einen Voraussetzung für die Leistungsfähigkeit im externen Bereich, zum anderen abhängig von der externen Nachfrage. Der interne Bereich hat also eine derivative Eigenschaft und erfüllt eine Hilfsfunktion. Für die internen Prozesse muss sichergestellt werden, dass diese fehlerfrei laufen, wirtschaftlich sind und dass genug Ressourcen für eine schnelle Durchführung zur Verfügung stehen.[48]

---

[45] Vgl. Büschgen/ Börner, 2003, S. 22; Heidorn, 2000, S. 6; Priewasser, 2001, S. 17.

[46] Vgl. Büschgen/ Börner, 2003, S. 23; Priewasser, 2001, S. 16; Heidorn, 2000, S. 7.

[47] Vgl. Hellenkamp, 2015, S. 9; Alt/ Puschmann, 2016, S. 47 f.

[48] Vgl. Büschgen, 1999, S. 310-324; Hellenkamp, 2015, S. 9 f.; Bieberstein, 2015, S. 3 f.

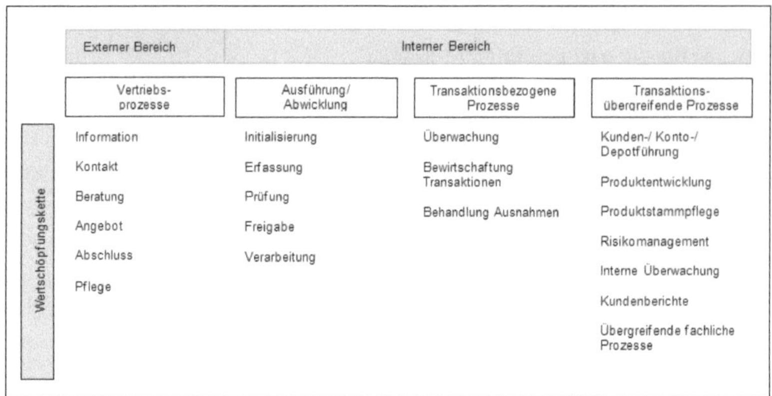

Abbildung 8: Übersicht über die Leistungserstellungsprozesse einer Bank[49]

Jede Bank entscheidet über die Wertschöpfungstiefe. Bei vielen Teilen der Wertschöpfungskette bestehen die Optionen selbst zu produzieren oder die Leistung einzukaufen.[50]

Die wichtigste Determinante der externen Vertriebsprozesse ist der Kunde, auf dessen Kooperation und Mitwirkung Banken angewiesen sind. Deshalb ist es wichtig, den Vertrieb aus der Kundenperspektive auszurichten und alle verfügbaren Kommunikationskanäle dafür zu nutzen.[51]

Die letzte für die Beschreibung des Geschäftsmodells eines Kreditinstituts zu betrachtende Dimension ist die Ertragsdimension. Banken generieren aus drei Quellen ihre Erträge: Zinsgeschäft, Provisionsgeschäft und Treasury.[52]

Der Zinsertrag der Banken setzt sich zusammen aus Struktur- und Konditionsbeitrag. Der Strukturbeitrag wird durch Fristentransformation erwirtschaftet. Zur Messung des Strukturbeitrags wird die Differenz zwischen der Kapitalbindungs- oder Kapitalüberlassungsprämie und dem Zinssatz für täglich fälliges Geld am Geld- und Kapitalmarkt gebildet. Unter dem Konditionsbeitrag ist die Differenz

---

[49] Eigene Darstellung in Anlehnung an Büschgen, 1999, S. 320-324; Alt/ Bernet/ Zerndt, 2009, S. 57.

[50] Vgl. Börner, 2009, S. 125 f.

[51] Vgl. Büschgen, 1999, S. 312 f.

[52] Vgl. Schierenbeck/ Lister/ Kirmße, 2014, S. 67 f.; Schierenbeck/ Lister/ Kirmße, 2014, S. 76-81; Schierenbeck/ Lister/ Kirmße, 2014, S. 363; Thiesmeyer, 2015, S. 25.

zwischen Kundenkondition und dem Opportunitätszinssatz für die gleiche Laufzeit am Geld- und Kapitalmarkt zu verstehen.[53]

Provisionserträge erwirtschaftet die Bank durch Vermittlung von Wertpapieren, Versicherungen, aus dem Zahlungsverkehr und dem Kartengeschäft. Für die Vermittlung erhält die Bank Provisionen vom Kooperationspartner.[54]

Das Treasury erwirtschaftet zum einen Erträge durch Fristentransformation, zum anderen durch Währungstransformation. Dafür nutzt das Treasury aktiv Differenzen der unterschiedlichen Kapital- und Zinsbindungsfristen am nationalen Geld- und Kapitalmarkt und die unterschiedlichen Verläufe der Zinsstrukturkurven der internationalen Märkte. Konkret nutzt es dafür Interbanken- und Wertpapiergeschäfte.[55]

2.3 Das SWOT-Modell als Analysemethode

Die SWOT-Analyse ist ein Instrument, das zur strategischen Planung von Unternehmen genutzt werden kann. Das Akronym steht für strenghts, weaknesses, opportunities und threats. Im ersten Schritt werden interne Stärken und Schwächen des Geschäftsmodells erarbeitet. Daraus wird ein vereinfachtes Bild des Unternehmens und seiner Kernkompetenzen abgeleitet. Im zweiten Schritt erfolgt eine Analyse der Chancen und Risiken für das Geschäftsmodell, die sich durch externe Faktoren ergeben. Dafür werden Trends beobachtet und entweder als Chance oder als Risiko eingeordnet.[56]

Die Ergebnisse aus interner und externer Analyse werden einander gegenübergestellt. Daraus gewonnene Erkenntnisse sollen dann in der Strategie des Unternehmens verwertet werden. Die Grundidee ist, die unternehmensinternen Stärken gezielt zu forcieren und gleichzeitig die unternehmensinternen Schwächen zu vermeiden bzw. zu kompensieren.[57]

Die Ergebnisse der SWOT-Analyse werden anschließend in der SWOT-Matrix dargestellt:

---

[53] Vgl. Schierenbeck/ Lister/ Kirmße, 2014, S. 67 f.; Schierenbeck/ Lister/ Kirmße, 2014, S. 76-81; Thiesmeyer, 2015, S. 19.

[54] Vgl. Thiesmeyer, 2015, S. 25; Schierenbeck/ Lister/ Kirmße, 2014, S. 61.

[55] Vgl. Schierenbeck/ Lister/ Kirmße, 2014, S. 363.

[56] Vgl. Paul/ Wollny, 2012, S. 79-81; Dillerup/ Stoi, 2016, S. 288.

[57] Vgl. Paul/ Wollny, 2012, S. 81; Schmidt, 2014, S. 188; Dillerup/ Stoi, 2016, S. 288.

Unternehmen \ Umfeld	Chancen	Risiken
Stärken	Ausbauen	Absichern
Schwächen	Aufholen	Meiden

Abbildung 9: SWOT-Matrix[58]

Im Rahmen dieser Arbeit wird von der klassischen Definition des SWOT-Modells in der Literatur abgewichen. Im Kontext der Problemstellung der Arbeit wird die externe Analyse modifiziert. Nicht vollumfänglich alle Trends und Umwelteinflüsse werden eingeordnet. Es erfolgt lediglich die Betrachtung des FinTech-Trends und die Ausarbeitung dessen Chancen und Risiken für das Geschäftsmodell eines Kreditinstituts.

2.4 Aufstellen von Anforderungen

Um analytisch und systematisch beurteilen zu können, ob FinTechs tatsächlich Antagonisten des Bankensektors sind, folgt die Formulierung einiger Anforderungen, unter denen FinTechs eine disruptive Technologie darstellen. Dafür sind zunächst die Begriffe Innovation und Disruption zu differenzieren.

Im Begriff FinTech steckt bereits der Begriff der Innovation. Als Innovation werden zunächst wertfrei Neuerungen bezeichnet, die sich aus dem technischen, sozialen oder wirtschaftlichen Wandel ergeben. Entweder bilden sie Lösungen zu Bedürfnissen, die vorher bereits vorhanden waren aber nicht durch vorhandene Angebote gedeckt werden konnten. Oder die Ursache-Wirkungs-Kette ist umge-

---

[58] Springer Gabler Verlag, 2017d, online im Internet.

kehrt und die Innovation löst neue Bedürfnisse aus, die vorher nicht vorhanden waren. Der Begriff Innovation impliziert zunächst nicht, dass bestehende Verfahren verdrängt werden.[59]

Als disruptive Technologien wiederum werden solche bezeichnet, die eine etablierte Technologie oder ein gewohntes Verfahren ablösen und ersetzen. Zunächst sind diese inferior und haben auf dem Markt gegenüber bestehenden Leistungsangeboten keine Relevanz, was an der anfänglich unterlegenen Qualität der neuen Technologien liegt. Oft beginnt die Entwicklung disruptiver Technologien in Nischenbranchen. Wenn die Technologie ausgereift ist folgt der Wendepunkt: sie verbessern bestehende Leistungsangebote, bieten eine attraktive Alternative und wecken damit das Interesse der Kunden. Dabei ist nicht die Technologie als solches disruptiv, sondern die Geschäftsmodelle, die auf der Technologie als Basis entwickelt werden.[60]

Damit FinTechs eine disruptive Wirkung auf den Bankensektor haben, müssen folgende Bedingungen erfüllt sein. Zunächst ist der Faktor Kapital entscheidend, damit FinTechs ihre Angebote ausarbeiten und weiterentwickeln können. Weiterhin bedürfen sie der Akzeptanz seitens der Kunden, damit diese FinTechs nutzen. Dadurch würden FinTechs erst an notwendiger Relevanz gewinnen, um disruptive Wirkungen zu entfalten. Der nächste wichtige Aspekt sind die rechtlichen Rahmenbedingungen, die für FinTechs eine Hürde darstellen. Entweder FinTechs schaffen es zukünftig, die Anforderungen analog zu Kreditinstituten zu erfüllen oder die aufsichtsrechtlichen Vorschriften werden für FinTechs gelockert. Grundsätzlich ist ebenfalls wichtig, dass FinTechs langfristig wirtschaftlich sind und rentable Geschäftsmodelle entwickeln. Wie in Gliederungspunkt 2.1 beschrieben, sind es oft Start-Up-Unternehmen, die FinTechs entwickeln. Diese müssen sich zunächst am Markt etablieren. Außerdem können FinTechs nur disruptiv sein, wenn sie klassische Kreditinstitute vom Markt verdrängen. Inwiefern das geschieht, hängt ebenfalls von der Innovationskraft und Anpassungsfähigkeit der Kreditinstitute ab: schaffen es diese rechtzeitig digital zu werden und mit der Dynamik des Unternehmensfeldes Schritt zu halten? Die nächste Anforderung ist, dass FinTechs keine Kooperationen mit Banken eingehen, sondern gegen Banken

---

[59] Vgl. Springer Gabler Verlag, 2017e, online im Internet; Zollenkop/ Lässig, 2017, S. 72 f.; Schmallo, 2013, S. 29.

[60] Vgl. Springer Gabler Verlag, 2017f, online im Internet; Tiberius/ Rasche, 2017, S. 14; Lembke, 2015, S.97; Braune/ Landau, 2016, S. 497-499.

arbeiten. Des Weiteren müssen die neuen, digitalen durch FinTechs bereitgestellten Prozesse den Prozessen der Kreditinstitute überlegen sein. Dies setzt voraus, dass sich alle Geschäftsprozesse digitalisieren lassen. Eine weitere Anforderung ist, dass FinTechs mit ihren innovativen Anwendungen einen tatsächlichen Mehrwert im Sinne von neuen Verhaltensmöglichkeiten schaffen. Das heißt um eine disruptive Wirkung zu haben, bedarf es mehr als nur einer optisch ansprechenden Oberfläche. Außerdem impliziert Disruption die Zerstörung bereits bestehender Märkte. Wenn durch FinTechs neue Märkte bzw. Kundengruppen erschlossen werden, entspricht das im engeren Sinne nicht einer disruptiven Technologie.[61]

---

[61] Vgl. Kröner, 2017, S. 29 f.; Springer Gabler Verlag, 2017f, online im Internet.

3 FinTech-Markt in Deutschland

Nach Großbritannien ist Deutschland der zweitgrößte Standort für FinTechs in Europa.[62] Im Rahmen einer vom Bundesministerium der Finanzen in Auftrag gegebenen Marktstudie werden im Jahr 2016 433 FinTech-Unternehmen identifiziert, 346 davon mit aktiver Geschäftstätigkeit. Geografisch betrachtet konzentriert sich die Verteilung der FinTechs in mehreren Gebieten. In Berlin werden die meisten deutschen FinTech-Unternehmen gegründet, gefolgt von München, Frankfurt am Main und Hamburg.[63]

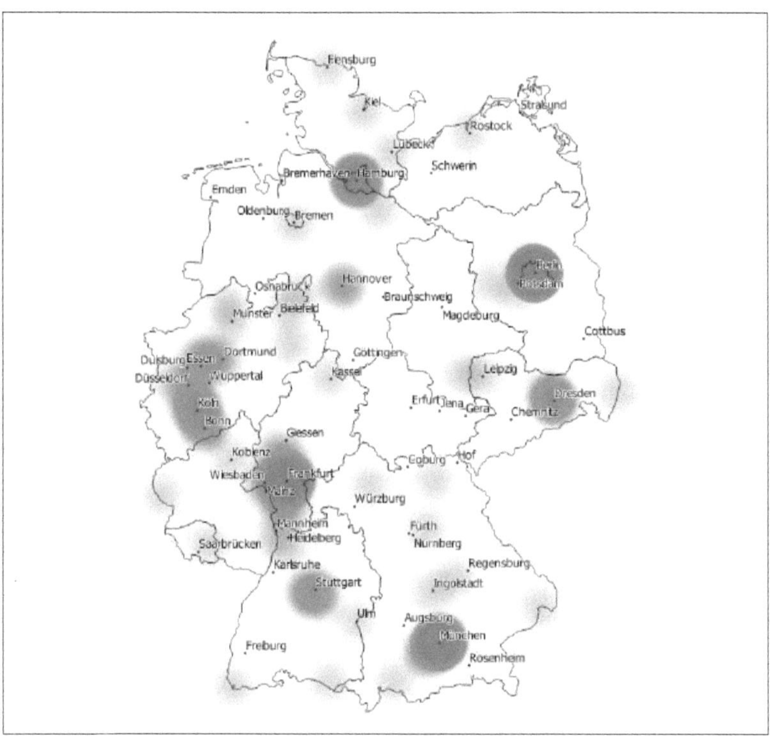

Abbildung 10: Geografische Verteilung der deutschen FinTech-Unternehmen[64]

---

[62] Vgl. Tiberius/ Rasche, 2017, S. 16; Dorfleitner/ Hornuf, 2016, S. 2.

[63] Vgl. Dorfleitner/ Hornuf, 2016, S. 16; Dorfleitner/ Hornuf, 2016, S. 2.

[64] Dorfleitner/ Hornuf, 2016, S. 3.

In allen Segmenten verzeichnen die Unternehmen insbesondere in den Anfangs-jahren teilweise sehr hohe Wachstumsraten im dreistelligen Bereich. Gründe da-für können vor allem der statistische Basiseffekt, die Präsenz in der Berichterstat-tung, durch Niedrigzinsen bedingte Neugier der Anleger und die Suche nach einer alternativen, rentablen Anlagemöglichkeit sein.[65]

Betrachtet man die Verteilung der FinTech-Unternehmen auf die unterschiedli-chen Segmente, sind die meisten FinTechs mit 94 identifizierten Unternehmen im Segment Zahlungsverkehr tätig. Im Jahr 2015 beträgt das Transaktionsvolumen in diesem Segment 17 Mrd. Euro. Davon entfallen 15 Mrd. Euro auf Bezahlmethoden die bei Online-Käufen angeboten werden. [66]

Das nächstgrößere Segment, gemessen an der Anzahl der identifizierten Unter-nehmen, ist das spenden- und gegenleistungsbasierte Crowdfunding mit 65 Un-ternehmen. Das Gesamtvolumen der Segmente Crowdfunding, Crowdinvesting und Crowdlending beträgt 2015 ca. 272 Mio. Euro. Zwischen 2007 und 2015 wer-den Finanzierungen in Höhe von ca. 585 Mio. Euro über Crowdfunding vermittelt. Die durchschnittliche Wachstumsrate des Segments Crowdfunding beträgt in die-sem Zeitraum 103%. Das größte Teilsegment des Crowdfunding ist mit einem Ge-samtmarktvolumen in Höhe von 189 Mio. Euro das Crowdlending. Bereits 2007 finden die ersten Gründungen von Crowdlending-Plattformen für Privatkredite statt. Heutiger Marktführer in diesem Teilsegment ist die Plattform Auxmoney. Im Bereich der Unternehmenskredite wurde 2014 der erste Kredit über eine Crowd-lending-Plattform finanziert. Die zu zahlenden Zinssätze werden von den Platt-formen vorgegeben. Dafür beziehen diese externe Bonitätseinschätzungen wie beispielsweise die Schufa-Auskunft oder Ratings der Creditreform in ihre Kalkula-tionen ein. Das zweitgrößte Teilsegment des Crowdfunding ist das Crowdinves-ting mit einem Gesamtmarktvolumen von 47 Mio. Euro. In diesem Teilsegment sind die Plattformen Seedmatch und Companisto marktführend. Seit Januar 2016 benötigen sowohl Crowdlending- als auch Crowdinvesting-Plattformen eine Er-laubnis zur Vermittlung von Vermögensanlagen nach §34f GewO. Das kleinste Teilsegment ist mit 36 Mio. Euro Gesamtmarktvolumen das spenden- und gegen-leistungsbasierte Crowdfunding. Marktführer in diesem Teilsegment sind Better-

---

[65] Vgl. Dorfleitner/ Hornuf, 2016, S. 23; Dorfleitner/ Hornuf, 2016, S. 27; Dorfleitner/ Hornuf, 2016, S. 33;

[66] Vgl. Dorfleitner/ Hornuf, 2016, S. 15; Dorfleitner/ Hornuf, 2016, S.46.

place, Startnext und VisionBakery. Lizenzen oder Zulassungen sind bei diesen Geschäftsmodellen nicht notwendig.[67]

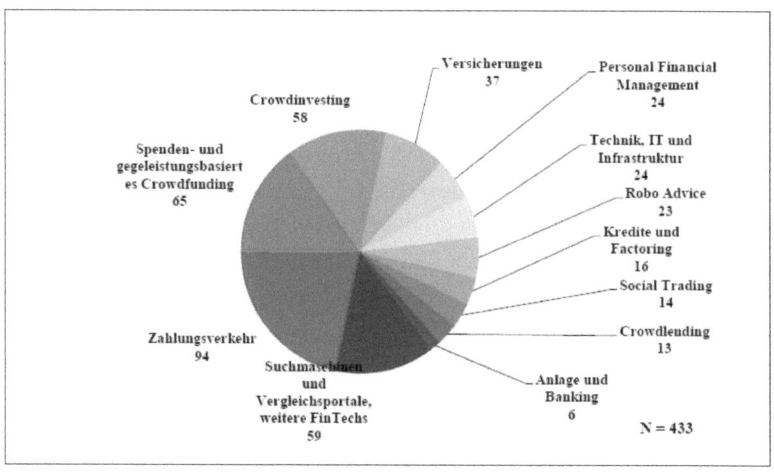

Abbildung 11: Übersicht über die FinTech-Unternehmen[68]

Das drittgrößte Segment in Deutschland bildet mit 59 identifizierten Unternehmen das Segment der sonstigen FinTechs exklusive der Versicherungs-FinTechs. Dieses Segment beinhaltet sehr heterogene Geschäftsmodelle.[69]

Im Bereich Kredite und Factoring sind seit 2012 die ersten Unternehmen tätig. Im Jahr 2015 beträgt das finanzierte Kreditvolumen ca. 140 Mio. Euro und das Forderungsvolumen ca. 500 Mio. Euro. Das Angebot erstreckt sich über kleine kurzfristige Kredite für Privatpersonen bis zu Finanzierungen für Unternehmen. Die Kredite werden über die Plattformen an kooperierende Partnerbanken vermittelt.[70]

Auch im Segment des Vermögensmanagements sind FinTechs auf dem deutschen Markt vertreten. Im Teilsegment Social Trading sind vor allem die marktführenden Plattformen Ayondo, eToro und Wikifolio bekannt. Diese unterscheiden sich

---

[67] Vgl. Dorfleitner/ Hornuf, 2016, S. 15; Dorfleitner/ Hornuf, 2016, S. 21; Dorfleitner/ Hornuf, 2016, S. 32 f.; Auxmoney, 2017a, online im Internet; Dorfleitner/ Hornuf, 2016, S.25 f.; Dorfleitner/ Hornuf, 2016, S. 30; Dorfleitner/ Hornuf, 2016, S. 34.

[68] Dorfleitner/ Hornuf, 2016, S. 16.

[69] Vgl. Dorfleitner/ Hornuf, 2016, S. 15.

[70] Vgl. Dorfleitner/ Hornuf, 2016, S. 35 f.

vor allem durch die handelbaren Finanzprodukte. Im Jahr 2015 werden insgesamt ca. 190 Mio. Euro auf den Plattformen verwaltet. Im Zeitraum zwischen 2008 und 2015 wächst das Teilsegment des Social Trading jährlich um durchschnittlich 213%.[71]

Im Teilsegment Robo-Advice sind im Jahr 2016 23 Unternehmen aktiv gewesen. Die ersten deutschen Gründungen im Robo-Advice finden im Jahr 2013 statt. 2015 beträgt das verwaltete Vermögen hier 170 Mio. Euro. Die beiden Marktführer SmartDepot und Quirion verwalten mehr als 50% des Gesamtvolumens in diesem Teilsegment. Überwiegend genutztes Finanzprodukt des Robo-Advice sind Exchange Traded Funds. Kennzeichnend für Robo-Advice ist die simple Handhabung. Durch die Kombination aus kostengünstigen Anlageprodukten und die weitesgehend automatisierte Beratung bieten Robo-Advice-Unternehmen im Vergleich zu klassischen Fondsmanagern attraktive Preise. Beispielsweise bietet Quirion ein Basispaket ohne einen persönlichen Ansprechpartner oder Strategieberatung für 0,48% p.a. des Anlagebetrags an. Das sogenannte Comfort-Paket für 0,88% p.a. beinhaltet zusätzlich einen persönlichen Ansprechpartner, Strategieberatung und die Möglichkeit, die Anlagestrategie zu wechseln.[72]

Zum Teilsegment des Personal Financial Management zählen Anwendungen, die der Visualisierung der persönlichen finanziellen Verhältnisse dienen. Solche Anwendungen werden nicht nur von FinTechs, sondern auch von Sparkassen und Banken angeboten. Aufgrund der Vielfältigkeit dieser Anwendungen und von Problemen bei der Abgrenzung der von Kreditinstituten angebotenen Anwendungen lassen sich hier keine genauen Aussagen zu Volumina treffen.[73]

Im Jahr 2013 tritt das Unternehmen WeltSparen als erstes Unternehmen des Teilsegments Anlage und Beratung auf den Markt. Das verwaltete Vermögen des Jahres 2015 beträgt ca. eine Milliarde Euro. Davon werden 97% von Unternehmen mit dem Geschäftsmodell der Einlagenvermittlung verwaltet. Diese Plattformen vermitteln die Einlagen an Partnerbanken. Durch die seit 2014 gültige europaweite Einlagensicherung kann der Anleger von der Einlagensicherung und den Zinsunterschieden der Mitgliedstaaten der EU profitieren.[74]

---

71 Vgl. Dorfleitner/ Hornuf, 2016, S. 37-40.
72 Vgl. Dorfleitner/ Hornuf, 2016, S. 40-42; Quirion, 2017, online im Internet.
73 Vgl. Dorfleitner/ Hornuf, 2016, S. 42 f.
74 Vgl. Dorfleitner/ Hornuf, 2016, S. 43-45.

In allen Segmenten steigen die verwalteten Werte in der Vergangenheit mit Wachstumsraten, die sich teilweise im dreistelligen Bereich bewegen, sehr stark. Allerdings sind die Volumina im Vergleich zu den etablierten Finanzinstituten immer noch relativ gering. Weiterhin ist zu beobachten, dass die Wachstumsraten der einzelnen Segmente im Zeitverlauf abnehmen.[75]

Unabhängig vom Segment, dem das FinTech-Unternehmen zuzuordnen ist, können die folgenden Faktoren Auswirkungen für den FinTech-Markt in Deutschland haben. Zum einen ist die Entwicklung der regulatorischen Rahmenbedingungen zu beachten. Denkbar ist, analog zu Großbritannien, die Einführung einer Sandbox-Regelung in Europa. Diese lockert die Anforderungen für FinTechs mit dem Ziel, diese vor allem in der Gründungsphase bis zur Etablierung am Markt zu fördern. Weiterhin sind Auswirkungen des Brexit für die deutschen Standorte relevant, die eventuell zu Standortverlagerungen von FinTech-Unternehmen aus Großbritannien nach Deutschland führen können. Außerdem wird die 2015 verabschiedete Zahlungsdienstrichtlinie Folgen für FinTechs haben. Einerseits fallen durch die Richtlinie Kontoinformations- und Zahlungsdienste in den rechtlichen Anwendungsbereich. Dadurch werden sich vor allem für FinTechs der Segmente Zahlungsverkehr und Personal Financial Management die Anforderungen und als Konsequenz daraus die Kosten erhöhen. Andererseits hat die Zahlungsdienstrichtlinie durch die angedachte Open Access-Regelung auch positive Auswirkungen für FinTechs. Konkret bedeutet die Open Access-Regelung für Kreditinstitute eine Verpflichtung, Kundeninformationen über eine offene Schnittstelle verfügbar zu machen. Der große Vorteil der Kreditinstitute, eine breite Informationsbasis zu haben, wäre damit verloren.[76]

Bei der vom Bundesfinanzministerium der Finanzen in Auftrag gegebenen Befragung von FinTech-Unternehmen nennen diese als Hindernisse hauptsächlich technologische und regulatorische Hürden. In Bezug auf einen technologischen Rückstand wird oft die Internetversorgung, insbesondere in ländlichen Regionen, bemängelt. Die regulatorischen Pflichten und die damit einhergehenden Kosten,

---

[75] Vgl. Tiberius/ Rasche, 2017, S. 17; Dorfleitner/ Hornuf, 2016, S. 23; Dorfleitner/ Hornuf, 2016, S. 27; Dorfleitner/ Hornuf, 2016, S. 32; Dorfleitner/ Hornuf, 2016, S. 38; Dorfleitner/ Hornuf, 2016, S. 41 f.; Dorfleitner/ Hornuf, 2016, S. 54; Dapp, 2014, S. 24.

[76] Vgl. Dorfleitner/ Hornuf, 2016, S. 17-20.

um den Anforderungen gerecht zu werden, empfinden einige der befragten Unternehmen als zu hoch.[77]

Eine Prognose der zukünftigen Entwicklung des FinTech-Marktes lässt sich auf Grund der unterschiedlichen Geschäftsmodelle und der Tatsache, dass der FinTech-Markt ein sehr junger Markt ist, kaum formulieren. In der Studie des Bundesfinanzministeriums wird die Entwicklung für die Jahre 2020, 2025 und 2035 prognostiziert. Abgeleitet von einer Berechnung der potenziell adressierbaren Märkte und eine mögliche Marktdurchdringung werden drei Szenarien kalkuliert. In der Abbildung wird die prognostizierte Entwicklung dieser Studie dargestellt. Sie umfasst die Segmente Finanzierung und Vermögensmanagement mit den jeweils dazugehörigen Teilsegmenten exklusive des Teilsegments Personal Financial Management. Für dieses Segment ist eine Berechnung von Marktvolumina nicht sinnvoll, da die Geschäftsmodelle dieser FinTechs auf der Visualisierung von Vermögensverhältnissen basieren.[78]

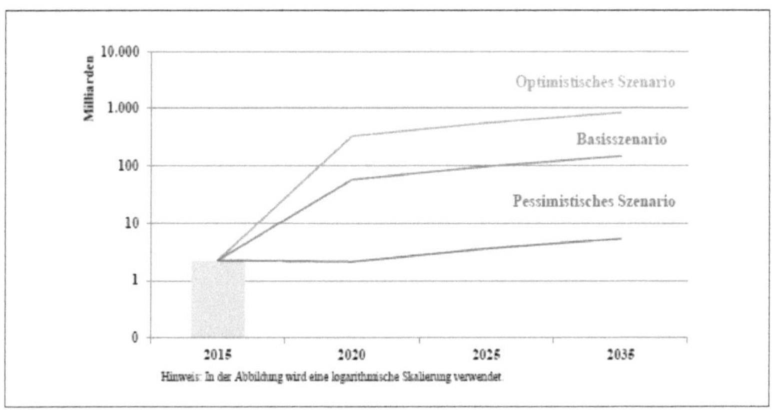

Abbildung 12: Prognose des Marktvolumens der deutschen FinTech-Segmente Finanzierung und Vermögensmanagement in EUR[79]

Die Grundannahmen des Basisszenarios sind eine Zunahme des Kundennutzens, eine Zunahme der Nutzung der Plattformen, das Verbleiben von Betrugsfällen auf

---

[77] Vgl. Dorfleitner/ Hornuf, 2016, S. 25; Dorfleitner/ Hornuf, 2016, S. 31; Dorfleitner/ Hornuf, 2016, S. 35 f.; Dorfleitner/ Hornuf, 2016, S. 39; Dorfleitner/ Hornuf, 2016, S. 42; Dorfleitner/ Hornuf, 2016, S. 45; Dorfleitner/ Hornuf, 2016, S. 48 f.

[78] Vgl. Dorfleitner/ Hornuf, 2016, S. 54-64.

[79] Dorfleitner/ Hornuf, 2016, S. 64.

einem niedrigen Niveau, ein wachsendes Vertrauen der Kunden gegenüber den Plattformen und positive demografische Effekte durch die Partizipation der Digital Natives am Markt. Im optimistischen Szenario wirken die genannten positiven Effekte noch stärker auf das Marktwachstum. Unter Berücksichtigung der definierten Prämissen prognostiziert die Studie für das Basisszenario im Jahr 2035 ein mögliches Marktvolumen in Höhe von 148 Mrd. Euro, für das optimistische Szenario fast das sechsfache Marktvolumen mit 847 Mrd. Euro. Für das pessimistische Szenario wird von einem abnehmenden Kundennutzen, der steigenden Anzahl von Betrugsfällen, Problemen bei der Lieferung von Produktes des gegenleistungsbasierten Crowdfunding und einer negativen Entwicklung des Vertrauens gegenüber den Plattformen ausgegangen. Auf dieser Basis würde sich das Marktvolumen der FinTechs lediglich auf fünf Mrd. Euro im Jahr 2035 erhöhen.[80]

Das Statistik-Portal Statista prognostiziert die Marktanteile von FinTechs in Deutschland für das Jahr 2020. Demnach sollen 5,5% der Konsumentenkredite bei den Unternehmen abgeschlossen werden. Mit diesem Produkt sollen FinTechs im Jahr 2020 den größten Marktanteil erreichen. Für den Bereich der Geldanlage prognostiziert Statista einen Marktanteil in Höhe von 2,5% und im Bereich der Girokonten 0,5%. Unter der Annahme dieser Entwicklung für 2020, erreichen FinTechs in den nächsten drei Jahren aus der Perspektive von Kreditinstituten keine kritische Größenordnung.

---

[80] Vgl. Dorfleitner/ Hornuf, 2016, S. 63-66.

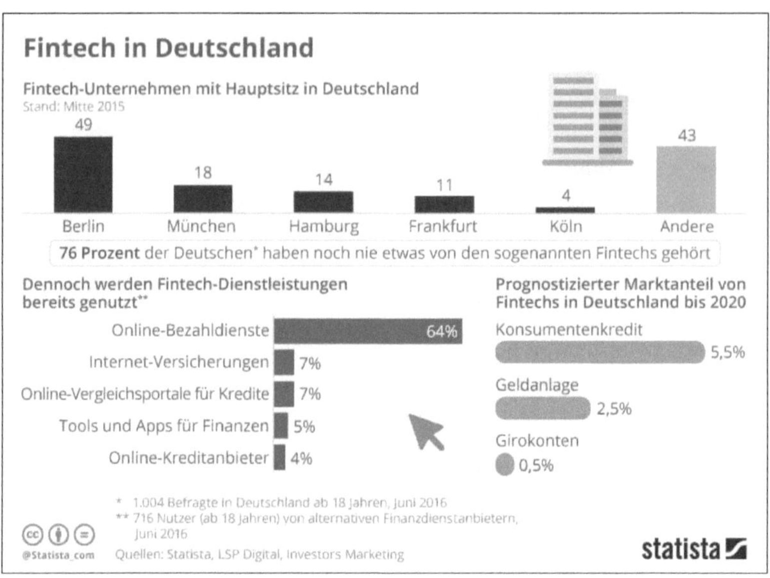

Abbildung 13: Infografik zu FinTech in Deutschland[81]

Viele der Start-Up-Unternehmen haben nur einen kurzen Lebenszyklus und etablieren sich nicht erfolgreich am Markt.[82] Allerdings gibt es auch FinTech-Unternehmen mit erfolgreichen Geschäftsmodellen. Zwei Beispiele für eine positive Entwicklung sind die beiden in Deutschland gegründeten FinTechs Number26 und Auxmoney. Es folgt eine Beschreibung der Geschäftsmodelle und der Unternehmensgeschichten dieser beiden FinTechs.

---

[81] Statista, 2016, online im Internet.

[82] Vgl. Dorfleitner/ Hornuf, 2016, S. 16; Experteninterview vom 04.09.2017 (Aus urheberrechtlichen Gründen nicht Teil dieser Publikation).

3.1 Beispiel N26

Abbildung 14: Firmenlogo N26[83]

Die N26 GmbH mit Sitz in Berlin beschäftigt zurzeit über 290 Mitarbeiter und verzeichnet ca. 500.000 Kunden. Zum Unternehmen gehören zum einen die N26 GmbH, ehemals Number26 GmbH, und die N26 Bank GmbH. Geschäftsführer der N26 GmbH sind die zwei Gründer Valentin Stalf, zurzeit CEO, und Maximilian Tayenthal, CFO. Geschäftsführer der N26 Bank GmbH sind Markus Gunter, CEO, und Matthias Oetken, CEO und CRO. Das gesammelte Investitionsvolumen beträgt nach Angaben der N26 GmbH über 55 Mrd. US-Dollar. Investoren sind Redalpine Venture Partners, Earlybird Venture Capital, Valar Vetures, Axel Springer Plug&Play Accelerator GmbH, Battery Ventures L.P und Horizons Vetures Limited.[84]

Das FinTech-Start Up Number26 wird im Februar 2013 gegründet. Zunächst ist das FinTech-Unternehmen im Bereich des Zahlungsverkehrs tätig. Am 26. Januar 2015 bringt Number26 in Kooperation mit der Wirecard Bank AG das erste Produkt auf den deutschen und europäischen Markt: ein Girokonto inklusive einer MasterCard, das innerhalb von maximal acht Minuten absolut papier- und unterschriftslos über eine App für das Smartphone eröffnet werden kann. Mit dem intuitiven, einfachen und transparenten Aufbau der App (siehe Abbildung 15) möchte Number26 die Digital Natives ansprechen. Die MasterCard, das Konto und die dazugehörigen Funktionen sind kostenlos. Damit gebe das Unternehmen durch die Kostenstruktur den Vorteil des entfallenden Filialnetzes an seine Kunden weiter. Die Bedienung des Kontos funktioniert vollständig über die App. Zum Abheben von Bargeld können die Kunden von Number26 weltweit gebührenfrei alle Geldautomaten nutzen. Im Juni 2016 reagiert Number26 allerdings mit der

---

[83] N26, 2017a, online im Internet.

[84] Vgl. N26, 2017b, online im Internet; N26, 2017c, online im Internet; N26, 2017d, online im Internet; o.V., 2017a, online im Internet.

Kündigung einiger hundert Kunden, die den kostenlosen Service ihrer Einschätzung nach zu häufig in Anspruch genommen und somit die Kosten für Number26 in die Höhe getrieben haben.[85]

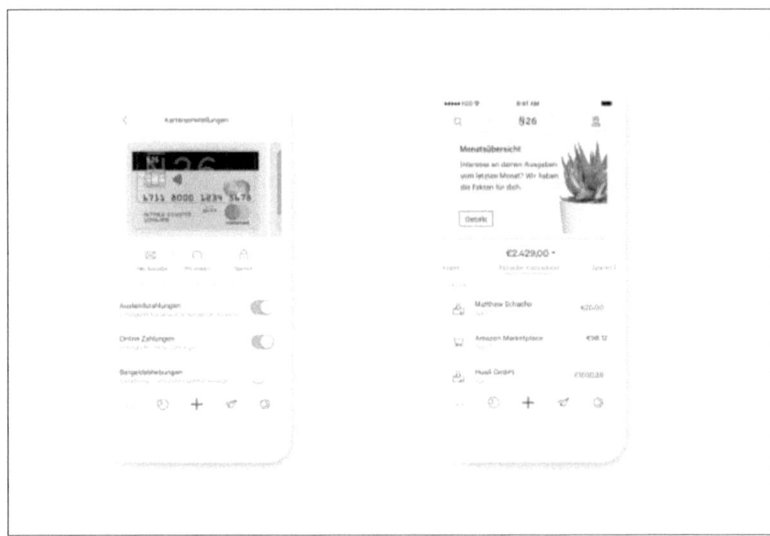

Abbildung 15: Screenshots der N26-App[86]

In den darauffolgenden Jahren baut Number26 das Leistungsspektrum immer weiter aus. Das erste zusätzliche Feature, Cash26, ermöglicht deutschlandweit Ein- und Auszahlungen von Bargeld im Einzelhandel. Bei einer Vielzahl von Einzelhandelspartnern können Kunden des FinTechs mit ihrem Smartphone Ein- und Auszahlungen tätigen und damit von der Einzelhandels-Infrastruktur profitieren.[87]

Die nächste Erweiterung des Leistungsspektrums folgt im November 2015 in Form eines Dispositionskredits. Auch die Beantragung des Dispositionskredits erfolgt per Klick und ohne Unterlagen. Im Hintergrund läuft eine Überprüfung des Scorings ab. Je nach Resultat dieser Überprüfung erhält der Kunde sofort einen Überziehungsrahmen bis zu 2000 Euro. Die jeweils angefallenen Dispositionszin-

---

[85] Vgl. N26, 2017d, online im Internet; N26, 2015a, online im Internet; N26, 2016b, online im Internet.

[86] N26, 2017k, online im Internet.

[87] Vgl. N26, 2015b, online im Internet.

sen sind in der App ersichtlich. Außerdem erhält der Kunde eine push-Benachrichtigung sobald der Kontostand negativ ist. Wenn kein Bedarf mehr nach einem Dispositionskredit besteht, kann der Nutzer die Funktion mit einem Klick deaktivieren. Damit bleibt das Number26-Konto transparent und benutzerfreundlich.[88]

Um die Sicherheit des Number26-Kontos zu garantieren und zu optimieren, arbeitet Number26 an einem System unter Zuhilfenahme von Künstlicher Intelligenz. Transaktionen werden demnach vor ihrer Buchung nach Faktoren wie beispielsweise Ausgabeverhalten analysiert. Bei Betrugsverdacht wird die Transaktion nicht durchgeführt. Für die Entwicklung des selbst lernenden Betrugspräventions-Systems erhält Number26 Fördergelder in Höhe von 700.000 Euro von der Investitionsbank Berlin. Im Juli 2017 wird die 3DSecure Lösung in der App integriert und damit die Sicherheit der Zahlungen erhöht.[89]

Mit dem Erwerb einer Banklizenz im Juli 2016 legt die nun N26 heißende Bank einen wichtigen Grundstein für die darauffolgenden Ausweitungen der Dienstleistungs-Palette. Kurz nach dem Erwerb der Vollbanklizenz bietet N26 das erste Investmentprodukt in Kooperation mit dem FinTech Vaamo an. Im September 2016 ist N26 die erste Bank, die Payment per Sprachsteuerung für iOS anbietet. Außerdem bietet die mobile Bank ein weiteres, kostenpflichtiges Premium-Kontomodell an, das eine MasterCard in einem schwarzen Design und Versicherungsleistungen beinhaltet. Es folgt die Integration des Echtzeit-Konsumentenkredites, das Angebot von Festgeld in Kooperation mit WeltSparen, die Erweiterung des Kreditangebots in Kooperation mit der Plattform Auxmoney und die Testphase für die Anbindung eines digitalen Versicherungsservices in Kooperation mit dem Insurtech Clark.[90]

Die Direktbank N26 bietet aktuell folgende Finanzprodukte und Dienstleistungen an:

---

[88]   Vgl. N26, 2015c, online im Internet.

[89]   Vgl. N26, 2016a, online im Internet; N26, 2017e, online im Internet.

[90]   Vgl. BaFin, 2017c, online im Internet; N26, 2016c, online im Internet; N26, 2016d, online im Internet; N26, 2016e, online im Internet; N26, 2016f, online im Internet; N26, 2017f, online im Internet; N26, 2017g, online im Internet; N26, 2017h, online im Internet; N26, 2017i, online im Internet.

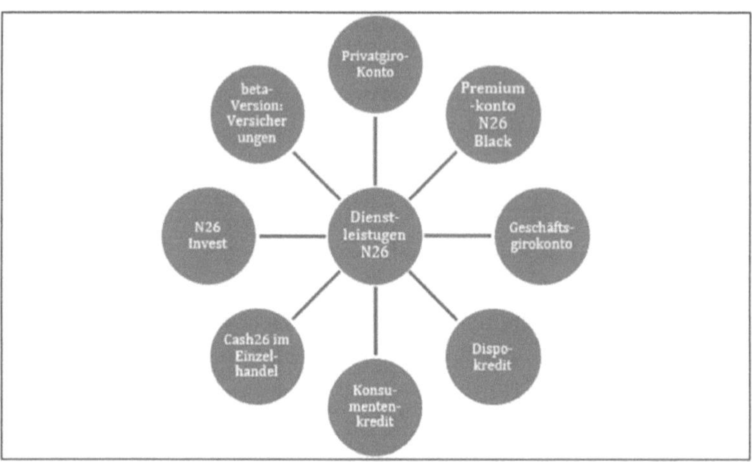

Abbildung 16: Produktpalette N26[91]

Mittlerweile hat die N26 Bank über 500.000 Kunden und ist in 17 Märkten in ganz Europa aktiv. Das Unternehmen ist ambitioniert und strebt das Zielbild einer One-Stop-App an, bei der alle wichtigen Bankdienstleistungen verfügbar sind. Dabei setzt sie auf die Kooperation mit anderen modernen FinTech-Unternehmen. Bis Ende des Jahres 2017 hat sich N26 das Ziel von 800.000 Kunden gesetzt.[92] Am Beispiel des FinTechs Number26 lässt sich die mögliche Entwicklung eines erfolgreichen, am Markt etablierten Unternehmens aufzeigen.

Zu Beginn der Geschäftstätigkeit bietet Number26 lediglich das kostenlose Girokonto mit Mastercard an und generiert Erträge über die Kreditkartenumsätze. Mittlerweile hat die Direktbank N26 die Produktpalette durch einige Kooperationen ausgeweitet und dadurch eine weitere Ertragsquelle erschlossen.

---

[91] Eigene Darstellung.

[92] Vgl. N26, 2017j, online im Internet; Atzler, 2017, online im Internet.

3.2 Beispiel Auxmoney

Abbildung 17: Firmenlogo Auxmoney[93]

Das FinTech-Unternehmen Auxmoney GmbH wird im Jahr 2007 von Philip Kamp, Raffael Johnen und Philipp Kriependorf in Hilden gegründet. Raffael Johnen und Philipp Kriependorf sind zurzeit immer noch bei Auxmoney tätig. Beide bilden gemeinsam mit Arie Wilder das Management des Unternehmens. Seit 2010 ist Düsseldorf der Firmensitz. Aktuell beschäftigt Auxmoney ca. 120 Mitarbeiter und hat ca. 2,4 Mio. Mitglieder. Als Investoren werden Index Ventures, Union Square Ventures, Partech Venture, Scott Bommer und Foundation Capital aufgeführt.[94]

Die Geschäftsidee hinter Auxmoney ist es, eine Vermittlungsplattform für Kredite von Privatpersonen an Privatpersonen zu bieten. Damit können zum einen Anleger kleine Beträge ab 25 Euro investieren, zum anderen haben Privatpersonen mit Finanzierungsbedarf eine Alternative zum Bankkredit.[95]

Eine Kreditanfrage über die Plattform der Auxmoney GmbH läuft folgendermaßen ab.

Abbildung 18: Ablauf einer Kreditanfrage bei Auxmoney[96]

---

93   Auxmoney, 2017a, online im Internet.

94   Vgl. Auxmoney, 2017b, online im Internet; Auxmoney, 2017c, online im Internet; Auxmoney, 2017f, online im Internet.

95   Vgl. Auxmoney, 2017c, online im Internet.

96   Auxmoney, 2017d, online im Internet.

Der potenzielle Kreditnehmer äußert seinen Finanzierungswunsch und wählt dabei einen Betrag zwischen 1.000 und 50.000 Euro. Die Anfrage ist kostenlos. Als Kreditnehmer kommen alle natürlichen Personen im Alter von 18 bis 69 Jahren mit Wohnsitz in Deutschland, einem Konto bei einem deutschen Kreditinstitut und regelmäßigem Einkommen in Frage. Ausgeschlossen sind Personen mit negativen Merkmalen wie beispielsweise einer eidesstattlichen Versicherung, einem Haftbefehl, einer Insolvenz oder offenen titulierten Forderungen. Die maximale Laufzeit beträgt 84 Monate. Nachdem der Nutzer seine Kreditanfrage mit den eigenständig gewählten Konditionen absendet, wird anhand einer Schufa-Auskunft, Verhaltensdaten und Bonitätsinformationen weiterer externer Anbieter die Bonität des Nutzers bewertet. Auch die Berechnung der Bonität ist zunächst kostenfrei.[97]

Nach Berechnung der Bonität erfolgt entweder eine Absage oder Zusage der Finanzierung durch Auxmoney. Bei der Absage fallen für den Nutzer keine Gebühren an. Bei sehr guten Bonitäten erhält der Nutzer eine Zusage für einen Sofortkredit und einen Zinssatz, der bonitäts- und laufzeitabhängig ist. Außerdem enthält der Zinssatz eine über die Laufzeit verteilte Vermittlungsgebühr in Höhe von 2,95 % des Kreditbetrags. Diese Provision ist durch den Kreditnehmer zu leisten und stellt eine Ertragsquelle der Auxmoney GmbH dar. Bei schlechteren Bonitäten wird die Kreditanfrage auf der Plattform für eine zwanzigtägige Frist publiziert und kann nur realisiert werden, wenn sich genug Anleger finden, die bereit sind das Finanzierungsvorhaben zu unterstützen. Laut eigenen Angaben der Auxmoney GmbH beträgt der durchschnittliche Nominalzins der bisher 78.930 über die Plattform vermittelten Finanzierungen 9,65 %.[98]

Die Betrachtung der Kredite nach den jeweiligen Verwendungszwecken zeigt, welche Finanzierungswünsche über Auxmoney realisiert werden konnten. Die Verteilung ist im Diagramm der Abbildung 19 ersichtlich. Nach Angaben der Plattform hat der größte Anteil der Finanzierungen den Verwendungszweck Sonstiges, gefolgt von der Möbel- und Umzugsfinanzierung an zweiter und dem Autokredit an dritter Stelle.

---

[97] Vgl. Auxmoney, 2017c, online im Internet; Auxmoney, 2017d, online im Internet; Auxmoney, 2016a, online im Internet.

[98] Vgl. Auxmoney, 2017c, online im Internet; Auxmoney, 2017d, online im Internet; Auxmoney, 2016a, online im Internet; Auxmoney, 2017f, online im Internet.

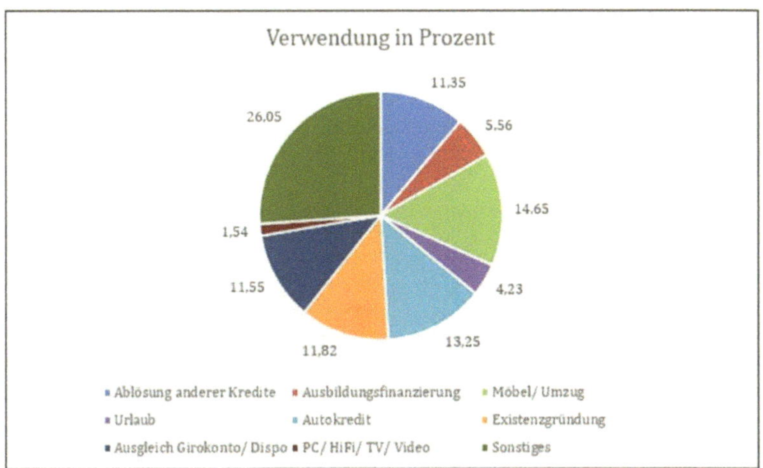

Abbildung 19: Verwendungszwecke der über Auxmoney vermittelten Kredite[99]

Die Auxmoney GmbH hat keine nach dem Kreditwesengesetz für die Vergabe von Krediten notwendige Banklizenz und tritt deshalb nur als Vermittler auf. Die tatsächliche Auszahlung und die gesamte Bearbeitung wickelt die Partnerbank Süd-West-Kreditbank ab. Seit dem 31. Juli 2017 kooperiert die Auxmoney GmbH außerdem mit der Direktbank N26. Die Kredite von Auxmoney sind nun auch über die App der N26 verfügbar. Im Juli 2017 gibt Auxmoney bekannt, seit Gründung des Unternehmens Kredite in einem Gesamtvolumen von über 500 Mrd. Euro vermittelt zu haben.[100]

Neben der Möglichkeit der Finanzierung kann der Kunde die Plattform Auxmoney außerdem für Geldanlagen nutzen. Dafür sind die Registrierung und die Eröffnung eines kostenlosen Anlagekontos notwendig. Der Anleger kann bei der Anlage manuell seine Investitionen auswählen oder sich für eine automatisierte Anlagestrategie entscheiden und sich mit Beträgen ab 25 Euro an den unterschiedlichen Finanzierungen beteiligen. Nach Angabe der Auxmoney GmbH kann so eine durchschnittliche Rendite von bis zu 5,5 % realisiert werden.[101]

---

[99] Eigene Darstellung in Anlehnung an Auxmoney, 2017f, online im Internet.

[100] Vgl. Auxmoney, 2017c, online im Internet; Auxmoney, 2017e, online im Internet; Auxmoney, 2017i, online im Internet.

[101] Vgl. Auxmoney, 2017g, online im Internet; Auxmoney, 2016a, online im Internet.

Aus den Jahresabschlüssen des Unternehmens lässt sich entnehmen, dass Auxmoney trotz der angegebenen Mitgliederanzahl und der vermittelten Finanzierungen bisher keinen positiven Jahresüberschuss erwirtschaftet hat. In der Bilanz der Geschäftsjahres 2015 verzeichnet die Auxmoney GmbH einen Jahresfehlbetrag in Höhe von ca. 13 Mio. Euro.[102]

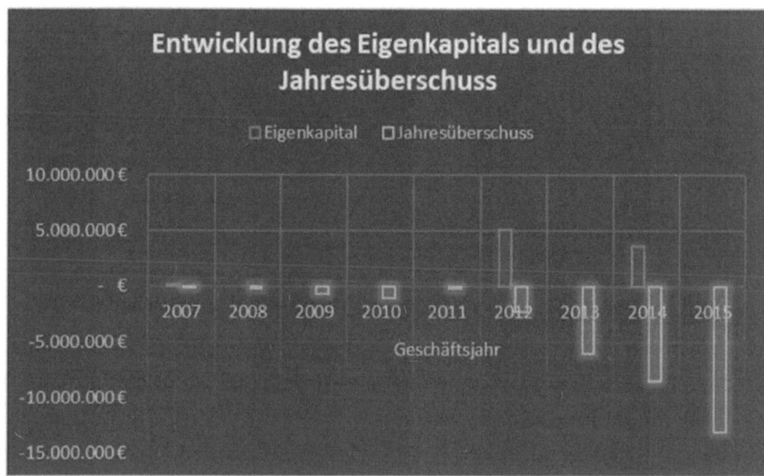

Abbildung 20: Eigenkapital und Jahresüberschuss der Auxmoney GmbH seit Gründung[103]

Den Internetauftritt gestaltet Auxmoney wie es für FinTechs kennzeichnend ist sehr simpel und komfortabel. Seit Februar 2017 bietet die Plattform seinen Kunden die Möglichkeit, sich über ein Videolegitimationsverfahren zu identifizieren und den Kreditvertrag per digitale Signatur rechtswirksam online abzuschließen.[104]

Aus der Betrachtung der vom Bundesministerium der Finanzen veröffentlichten Studie und der genaueren Recherche zu der N26 Direktbank und Auxmoney

---

[102] Vgl. Auxmoney, 2011, online im Internet; Auxmoney, 2012a, online im Internet; Auxmoney, 2012b, online im Internet; Auxmoney, 2013a, online im Internet; Auxmoney, 2013b, online im Internet; Auxmoney, 2015, online im Internet; Auxmoney, 2016b, online im Internet; Auxmoney, 2017h, online im Internet.

[103] Eigene Darstellung in Anlehnung an Auxmoney, 2011, online im Internet; Auxmoney, 2012a, online im Internet; Auxmoney, 2012b, online im Internet; Auxmoney, 2013a, online im Internet; Auxmoney, 2013b, online im Internet; Auxmoney, 2015, online im Internet; Auxmoney, 2016b, online im Internet; Auxmoney, 2017h, online im Internet.

[104] Vgl. Auxmoney, 2017j, online im Internet.

GmbH wird deutlich, dass es einige der FinTech-Start Ups schaffen sich am Markt zu etablieren und kontinuierlich zu wachsen. Inwiefern FinTechs für ein klassisches Kreditinstitut zu einer relevanten Konkurrenz werden können, soll nun im folgenden Kapitel analysiert werden.

4 Analyse der Chancen und Risiken für die Geschäftsmodelle von Kreditinstituten unter Anwendung der SWOT-Analyse

4.1 Stärken und Schwächen der Geschäftsmodelle von Kreditinstituten

Das Geschäftsmodell einer Universalbank hat komparative Vor- und Nachteile.
Zum einen ergeben sich aus dem Geschäftsmodell die Vorteile, dass der Kunde
von der Konstellation einer Universalbank hinsichtlich Nutzenstiftung, Kostenvorteile und Effizienz bzw. Zeitersparnis profitiert, weil er seine unterschiedlichen
Bedürfnisse nach Finanzprodukten bei einer Bank befriedigen kann. Durch die
Überlassung von Informationen durch den Kunden kann die Bank auf dieser Basis
eine ganzheitliche Beratung angepasst an die individuellen Rahmenbedingungen
des jeweiligen Kunden bieten. Ein weiterer Vorteil für den Kunden ist, dass eine
Universalbank unterschiedliche Produktlösungen für die jeweiligen Bedarfsfelder
anbieten kann. So kann sich der Kunde bei seinem Berater über mehrere Alternativen informieren und hat den direkten Vergleich der Konditionen, was ihm die
Entscheidungsfindung erleichtern kann. Vor allem bei Produkten, bei denen eine
Abstimmung aufeinander sinnvoll ist, profitiert der Kunde. Dafür nutzen Kreditinstitute ihre langjährige Expertise und das bereits vorhanden Knowhow zu Finanzprodukten.[105]

Durch die vorhandenen Finanzkompetenzen und die Einbindung personeller Ressourcen für persönliche Beratung und individuelle Analyse, die durch Berater oder Experten in der Bank dargestellt wird, können durch Banken und Sparkassen
auch komplexe Beratungen durchgeführt und Produktlösungen angeboten werden. Eine solch komplexe Beratung ist durch FinTechs zumindest aktuell noch
nicht darstellbar. Primär bieten FinTechs Lösungen für das Privatkundensegment.
Genauer genommen werden nur solche Prozesse durch FinTechs dargestellt, die
standardisiert und automatisiert umsetzbar sind. Ursache dafür sind neben der
Komplexität gewisser Abläufe auch rechtliche Hürden.[106]

Neben dem Argument, dass nicht jeder Prozess problemlos digitalisierbar ist,
spielt der Faktor Vertrauen eine wichtige Rolle. Bankleistungen sind vertrauenssensibel. Für die Artikulation mancher Bedarfe möchte der Kunde einen Ge

---

[105] Vgl. Schildbach, 2012, S. 4; Dapp, 2015, S. 19; Morrison, 2014, S. 126; Baxmann, 2010, S. 120.

[106] Vgl. Dapp, 2015, S. 19; Deutsche Bundesbank, 2016, S. 72; Dapp, 2014, S. 16; Dapp, 2014, S. 18; Romanova/ Kudinska, 2016, S. 31.

schäftspartner an seiner Seite haben, dem er traut und vertraut. Die Stärke der Kreditinstitute ist, dass die Kundschaft in diesen einen Vertrauenspartner sieht. Banken und Sparkassen haben sich teilweise über jahrelange Geschäftsbeziehungen das Vertrauen ihrer Kunden erarbeitet und sind kompetent im Umgang mit Datenschutz bzw. diskret im Umgang mit Kundeninformationen.[107]

Banken und Sparkassen weisen langjährige Erfahrungen in der richtigen Kalkulation der unterschiedlichen angebotenen Produkte auf. Das Einpreisen aller mit dem jeweiligen Geschäft induzierten Risiken und Kosten ist die Grundlage dafür, dass die Geschäftstätigkeit der Bank langfristig rentabel ist.[108]

Eine weitere wichtige Stärke des Geschäftsmodells von Universalbanken ist die breite Informationsbasis, die sich diese über einen langfristigen Zeithorizont angeeignet haben.[109] Das bedeutet, dass Banken mit einem bereits vorhandenen Kundenstamm im Besitz vielfältiger Informationen zu diesen Kunden sind und nicht erst Aufwand zum Eruieren dieser Informationen betreiben müssen. Zu der relativ einfachen Informationsbeschaffung verhilft die bestehende Infrastruktur der Banken. Das weit ausgebaute Geschäftsstellennetz dieser ist hinsichtlich der Erzeugung von Kundenkontakten eine Stärke des Geschäftsmodells.[110]

Unter Betrachtung des Faktors Refinanzierung und Beschaffung für die Geschäftstätigkeit notwendiger Finanzmittel haben Banken und Sparkassen ebenfalls einen Vorteil. Durch die Bankenlizenz haben diese Zugang zu Zentralbankgeld und damit die Möglichkeit zur günstigen Kapitalaufnahme.[111]

Aus dem Universalbank-Modell können Kostenvorteile entstehen, was eine weitere Stärke ist. Durch das Angebot unterschiedlicher Produkte entstehen bei der Erbringung der Dienstleistung und dem Verkauf der Produkte Synergieeffekte. Diese führen zu verringerten Kosten für die Bank. Konkret entstehen Vorteile für die Bank durch Fixkostendegression und einem Ausgleich bei der Auslastung der Ressourcen. Allerdings können sich durch das Universalbankmodell auch erhöhte

---

[107] Vgl. Dapp, 2015, S. 14; Dapp, 2015, S. 19; Büschgen, 1999, S. 321; Morrison, 2014, S. 121.
[108] Vgl. Romanova/ Kudinska, 2016, S. 31.
[109] Vgl. Gooßens, 2015, S. 65.
[110] Vgl. Braune/ Landau, 2016, S. 502.
[111] Vgl. Braune/ Landau, 2016, S. 502; Bott, 2000, S. 39-41; Büschgen/ Börner, 2003, S. 31.

Kosten ergeben, wenn aufgrund der Komplexität mehr Koordinationsaufwand
notwendig ist.[112]

Die Risikodiversifizierung ist eine weitere Stärke des Geschäftsmodells. Diese entsteht einerseits durch eine breite Kundenbasis. Dadurch, dass eine Universalbank unterschiedliche Leistungen anbietet, werden unterschiedliche Kundensegmente angesprochen. Darunter sind sowohl Privat- als auch Unternehmenskunden. Teilweise lassen sich einzelne Kunden zu unterschiedlichen Segmenten zuordnen. Beispielsweise hat ein Firmenkunde abgesehen von der Nachfrage nach Leistungen, die für das Unternehmen wichtig sind, als Privatperson weitere Bedürfnisse. Die Universalbank profitiert dadurch, dass sie beide Bedürfnis-Felder befriedigen und dadurch die Erträge steigern kann. Eine weitere Diversifikationsquelle ist das breite Produktspektrum der Universalbank. Je nach Entwicklung des Marktes können sich so die Ertragsschwankungen der einzelnen Produkte ausgleichen. Die Universalbank ist nicht darauf angewiesen, dass mit Hilfe eines speziellen Produktes durchgehend hohe Erträge generiert werden.[113]

Außerdem liegt eine komparative Stärke der Kreditinstitute in der Erfahrung im Umgang mit aufsichtsrechtlicher Regulierung. Seit der Finanzkrise nimmt der Grad an durch Banken und Sparkassen zu erfüllenden rechtlichen Anforderungen zu. Sie können die Sicherheit für Kunden garantieren und rechtskonform agieren. Die Geschäftsmodelle der Kreditinstitute sind an die gestellten Anforderungen angepasst. Durch die Erfahrungen aus Schocks sind Banken im Umgang mit und in der Prävention von Krisen geübt.[114]

Neben den vielen Stärken der Geschäftsmodelle von Kreditinstituten gibt es auch komparative Schwachstellen. Eine große Schwäche klassischer Kreditinstitute ist dabei die Trägheit. Damit ist die mangelnde Flexibilität und Fähigkeit, auf Veränderungen des Marktumfeldes schnell zu reagieren und das Geschäftsmodell anzupassen gemeint. Dies ist zum einen durch die vielen regulatorischen Anforderungen, zum anderen durch den organisatorischen Aufbau der Kreditinstitute bedingt. Entscheidungsprozesse sind komplex aufgebaut. Wichtige geschäftspolitische Veränderungen brauchen dadurch einen großen Zeitrahmen für den Weg

---

[112] Vgl. Baxmann, 2010, S. 118 f.; Baxmann, 2010, S. 122; Morrison, 2014, S. 126.

[113] Vgl. Baxmann, 2010, S. 123; Baxmann, 201, S. 119.

[114] Vgl. Hellenkamp, 2015, S. 16; Dapp, 2015, S. 19; Huyer, 2016, S. 1; Romanova/ Kudinska, 2016, S. 31.

von der Idee bis zur tatsächlichen, operativen Umsetzung.[115] In der veröffentlichten Studie des Unternehmens Fintechcube zur Thematik der digitalen Transformation von Banken werden außerdem andere Hindernisse aufgezeigt. Demnach seien die zehn größten Hindernisse für eine erfolgreiche und schnelle Transformation von Banken die Verteidigung bestehender Strukturen, fehlende Personalressourcen, fehlendes Know-How, fehlende Toleranz für Fehlversuche zugunsten der Innovation, fehlende Verantwortlichkeit, fehlende Finanzierung, die bereits beschriebene Hürde der zahlreichen aufbaubedingten Entscheidungsebenen, technische Probleme und fehlende Ideenbildung.[116] Bei der Verwertung der von privatwirtschaftlichen Unternehmen eruierten Informationen sind potenzielle Interessenskonflikte zu berücksichtigen.

Eine weitere Schwäche des Geschäftsmodells liegt in den sinkenden Erträgen. Grund dafür ist unter anderem das aktuelle Niedrigzinsumfeld. Bei einer Betrachtung der historischen Entwicklung des durch die EZB vorgegebenen Leitzinses fällt auf, dass das aktuelle Niveau historisch niedrig ist.

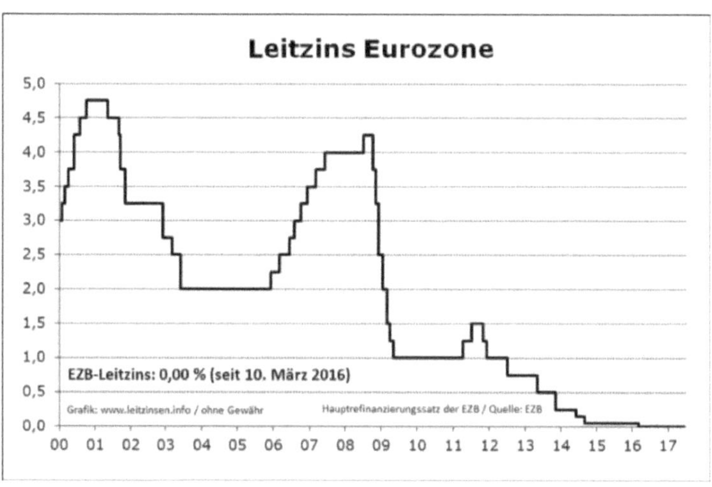

Abbildung 21: Entwicklung des Leitzinssatzes der EZB[117]

---

115 Vgl. Braune/ Landau, 2016, S. 502 f.
116 Vgl. Puchalla/ Kawohl, 2017, S. 8.
117 o.V., 2017e, online im Internet.

Für das Ertragsmodell der Kreditinstitute hat das konkret die Auswirkung, dass die Zinsspanne und damit die Erträge aus dem Zinsgeschäft verringert werden. Zum einen wirken sich die niedrigen Zinsen auf der Aktivseite der Bilanz aus. Neu vergebene Kreditverträge haben im Vergleich zu Altverträgen eine wesentlich niedrigere Verzinsung. Auf der Passivseite werden die negativen Zinsen allerdings nicht Kunden weitergebenen, was die Refinanzierung über Einlagen teurer macht. Zusätzlich zu dem niedrigen Zinsniveau hat sich die Zinsstrukturkurve verflacht. Dadurch ist die Differenz zwischen kurz- und langfristigen Zinsen geringer, damit auch die aus der Fristentransformation generierten Zinserträge. Neben der Schmälerung der Erträge aufgrund der Zinsentwicklung wirken sich auch die durch Regulatorik verursachten Kosten negativ auf die Ertragslage der Kreditinstitute aus. Außerdem sind die hohen Personalkosten einer Bank eine Schwäche des Geschäftsmodells.[118]

In der bei den Stärken des Geschäftsmodells aufgeführten Infrastruktur in Form des weit ausgebauten Geschäftsstellen-Netzes steckt auch eine Schwäche. Filialen sind in der Unterhaltung relativ teuer. Gleichzeitig verändern sich die Anforderungen von Kunden und es entstehen durch die technologische Entwicklung neue Kommunikationskanäle und Möglichkeiten, einfache Prozesse kostengünstig abzuwickeln. Dadurch nehmen Effizienz und Profitabilität der Bankfilialen ab, der Stellenwert sinkt.[119]

Eine Stärke des Geschäftsmodells ist die vorhandene breite Informationsbasis. Allerdings werden die Potenziale daraus nicht optimal ausgeschöpft. Das wiederum ist eine Schwäche der Banken und Sparkassen. Es besteht noch Optimierungsbedarf hinsichtlich der Analyse der vorhandenen Informationen zur anschließenden Generierung von Abschlüssen durch gezielte Ansprachen der Kunden. Best Practice ist in diesem Bereich die Big Data Analyse von FinTech-Unternehmen oder bekannten Internetakteuren wie beispielsweise Amazon, die das Kundenverhalten analysieren und konkrete Produktempfehlungen aussprechen. Teilweise erfolgen solche Analysen aufgrund regulatorischer Hürden nicht.[120]

---

[118] Vgl. Dombret, 2017, online im Internet; Deutsche Bundesbank, 2017, online im Internet; Heidorn, 2000, S. 10; Heidorn, 2000, S. 56; Braune/ Landau, 2016, S. 503; o.V., 2017b, S. 4.

[119] Vgl. Braune/ Landau, 2016, S. 503.

[120] Vgl. Dapp, 2015, S. 14; Dapp, 2015, S. 16.

Eine weitere Schwäche liegt in der Organisationsstruktur der Banken. Der innere Aufbau ist nach dem Siloprinzip organisiert. Diese Organisationsform ist nicht mehr zeitkonform und wird den Ansprüchen eines effektiven Customer Relationship Management-Systems nicht gerecht. Die Schnittstellen innerhalb der Banken sind nicht optimiert, sodass vorhandene Informationen nicht effizient genutzt werden können.[121]

Durch die Eigenschaft der Bankdienstleistung, dass diese immateriell und deshalb nicht lagerfähig ist, ergeben sich weitere Schwächen für das Geschäftsmodell von Kreditinstituten. Banken müssen dadurch exakter planen, um wirtschaftlich zu sein. Entsprechende Ressourcen in Form von Räumlichkeiten, Personal, Informationstechnologie, die zur Erstellung der Dienstleistung benötigt werden, müssen deshalb permanent vorgehalten werden. Außerdem ist die Dienstleistung abstrakt. Das bedeutet, dass der Kunde nach Leistungserbringung keine Substanz hat, die er beurteilen kann. Stattdessen sind für die Zufriedenheit des Kunden stellvertretend beispielsweise die Räumlichkeiten der Bank ausschlaggebend, obwohl diese streng genommen nichts über die Qualität der Beratung oder des Finanzproduktes aussagen. Aufgrund dieser Tatsache müssen Banken in die Gestaltung der Räumlichkeiten und Erzeugung einer angenehmen und professionellen Atmosphäre investieren.[122]

4.2 Chancen und Risiken für Geschäftsmodelle von Kreditinstituten durch FinTechs

Auch wenn einige der FinTech- Start Ups nur eine kurze Zeit aktiv sind und es nicht schaffen, sich am Markt zu etablieren, habendie erfolgreichen FinTechs bewiesen, dass Finanzdienstleistungen nicht nur durch Banken angeboten werden können.[123] Inwiefern sich durch die Geschäftsmodelle der FinTechs Chancen bzw. Risiken für Kreditinstitute ergeben, hängt von dem jeweiligen Geschäftsmodell ab. Je nachdem, ob die modernen Unternehmen Substitutions- oder Komplementärgüter anbieten, kann dies für Geschäftsmodelle von Kreditinstituten Risiken oder Chancen bedeuten.[124] Die modernen Unternehmen können entweder eine disrup-

---

121 Vgl. Dapp, 2015, S. 16 f.; Braune/ Landau, 2016, S. 503.

122 Vgl. Büschgen, 1999, 310 320; Hellenkamp, 2015, S. 9 f.

123 Vgl. Weidmann, 2017, online im Internet.

124 Vgl. Romanova/ Kudinska, 2016, S. 28.

tive Wirkung auf den Finanzsektor haben oder aber zu einer Neugestaltung der Geschäftsmodelle beitragen, von der Banken und Sparkassen durchaus profitieren können.[125] In diesem Abschnitt werden die potenziellen Chancen und Risiken analysiert.

Logischerweise liegen die Risiken für die Geschäftsmodelle der Kreditinstitute in den Bereichen, in denen FinTechs ihre Stärken haben und Kreditinstitute gleichzeitig eine Schwäche. Zum einen gehört dazu, dass FinTechs dem Kunden einen Mehrwert bieten können. Beispielsweise Kreditvergleichsplattformen schaffen Transparenz für den Kunden hinsichtlich unterschiedlicher Zinskonditionen. Dadurch kann der Kunde die Suche nach einem Kredit effizienter gestalten und hat Kostenvorteile, wenn er den günstigsten Kredit findet. Für die Bank bedeutet das eventuell einen Verlust an Marktanteilen bzw. sinkende Erträge aus dem Kreditgeschäft. Das kann zum einen an nicht wettbewerbsfähigen Konditionen liegen, zum anderen daran, dass Kreditinstitute, die auf solchen Portalen nicht präsent sind, daraus keine Vertragsabschlüsse generieren können. Gehen Banken eine Kooperation mit einem Kreditvergleichsportal ein, können sie dadurch profitieren. Durch die Nutzung der Vergleichsplattform als zusätzlichen Vertriebsweg können Banken – unter der Voraussetzung, dass diese wettbewerbsfähige Konditionen anbieten – weitere Absatzpotenziale realisieren. Die Integration einer Zusammenarbeit mit einer solchen Plattform würde außerdem die Effizienz der Kreditvergabe steigern, denn bereits bei der Kreditanfrage durch den Nutzer werden einige Parameter überprüft. Es werden nur Kreditanfragen an die Bank weitergeleitet, die für die Bank in Frage kommen und zu den definierten Anforderungen passen. Je nach vertraglicher Ausgestaltung der Kooperation würden Provisionsaufwände eventuell nur bei erfolgreicher Vermittlung anfallen. Somit entstehen für das Kreditinstitut kaum Risiken.[126]

Die deutsche Wirtschaftsprüfungsgesellschaft Ernst & Young GmbH veröffentlicht in ihrer Studie zum deutschen FinTech-Markt, dass das größte durch FinTechs adressierte Segment der Zahlungsverkehr sei.[127] Wenn FinTech-Unternehmen moderne, effiziente und günstige Lösungen für den Zahlungsverkehr entwickeln, können Kreditinstitute auch hier durch Kooperationen profitieren. Durch eine

---

[125] Vgl. Skan/ Dickerson/ Masood, 2015, S. 6.
[126] Vgl. Kupke/ Weber, 2016, S. 422-424.
[127] Vgl. o.V., 2016, S. 10.

Integration der Anwendungen in die Strukturen der Bank, können diese ihren Kunden die auf ihre Bedürfnisse abgestimmten Dienstleistungen anbieten und dabei sogar intern die Effizienz der Prozesse steigern. Wenn Banken im Bereich des Zahlungsverkehrs keine Kooperationen mit FinTechs eingehen, hängen die Chancen und Risiken von der Profitabilität des Zahlungsverkehrs für Banken ab. Gefährlich wird es nur, wenn der Zahlungsverkehr eine wichtige Ertragsquelle der Banken ist. Zu beachten ist außerdem die geschäftspolitische Bedeutung des Zahlungsverkehrs. Neben der Möglichkeit durch eine Bepreisung der Leistungen Erträge zu generieren hat der Zahlungsverkehr auch weitere Bedeutung. Zum einen setzt die Abbildung des Zahlungsverkehrs die Eröffnung eines Girokontos voraus. Kunden nutzen Girokonten für Einlagen. Dadurch sind Girokonten wichtig für die Liquiditätsbeschaffung einer Bank, die wiederum wichtig für die Kreditvergabe ist. Dieser Aspekt ist vor dem Hintergrund der historisch niedrigen Zinsen zurzeit zu vernachlässigen. Weiterhin bergen Giro-Konten Cross-Selling-Potenziale, durch die Banken weitere Erträge generieren können.[128]

Für die zukünftige Entwicklung des FinTech-Segments Zahlungsverkehr ist die Europäische Richtlinie für den Zahlungsverkehr – die Payment Service Directive II - richtungsweisend. Die Richtlinie hat für Zahlungsverkehr-FinTechs zwei entscheidende Auswirkungen. Zum einen fallen nach der Umsetzung der Richtlinie nicht nur Zahlungsdienstleister wie Finanzinstitute in den Anwendungsbereich der Vorschriften, sondern auch FinTechs. Das hat für die Unternehmen die Konsequenz höherer Kosten und höherer Regulierung, was aus der Sicht eines Kreditinstitutes als Chance zu bewerten ist, weil dadurch die Hürden für die Konkurrenz höher werden. Eine andere Auswirkung der Richtlinie ist die geplante Open-Access-Regelung. Diese wiederum ist aus der Perspektive von Banken als Risiko zu beurteilen. Durch die Open Access-Regelung sind Banken zukünftig dazu verpflichtet, über offene Schnittstellen Kundeninformationen verfügbar zu machen.[129]

Ein Risiko besteht darin, dass große und bekannte Internetanbieter wie beispielsweise Paypal, Google oder Amazon, die Vertrauen der Kunden genießen, ihre Geschäftsfelder ausweiten. Aktuell bieten diese nur Anwendungen im Bereich des Zahlungsverkehrs an. Aber die Tatsache, dass diese Unternehmen als sehr zu-

---

[128] Vgl. Dapp, 2015, S. 19; Benthien, 2000, S. 118-120.

[129] Vgl. Romanova/ Kudinska, 2016, S. 32; Dorfleitner/ Hornuf, 2016, S. 47.

verlässig angesehen werden, bietet ihnen die Möglichkeit, in Zukunft weitere Geschäftsfelder abzudecken.[130]

Wie in Kapitel 4.1 beschrieben entwickelt sich die Ertragslage von Kreditinstituten durch die zunehmende Regulierung und die Niedrigzinsphase negativ. Es besteht das Risiko der zusätzlichen Belastung der Ertragslage durch das Herauslösen profitabler Teile der Wertschöpfungskette durch FinTechs.[131]

Durch den überwiegenden Verzicht auf den Einsatz zwischenmenschlicher Kommunikation, die Standardisierung und die Automatisierung der FinTechs, haben diese bessere Kostenstrukturen und können ihre Leistungen günstiger produzieren. Diesen Vorteil geben FinTechs durch niedrige Transaktionskosten an ihre Kunden weiter und sind dadurch sehr attraktiv. Zusätzlich sind sie komfortabler und nicht an Öffnungszeiten gebunden. Diese Kombination aus Vorteilen für den Kunden und den besseren Kostenstrukturen ist aus der Perspektive von Banken als Risiko zu bewerten.[132] Außer Banken entscheiden sich für Kooperationen, nutzen die Stärken der FinTechs als Chance und verbessern ihre eigenen Kostenstrukturen bzw. werden attraktiver für Kunden.

Durch die gezielte und bewusste Nutzung der Stärken von FinTechs erschließen sich wirtschaftliche Chancen für Kreditinstitute. Sie können durch Digitalisierung der Finanzprodukte ihre Prozesse effizienter gestalten und die interne Infrastruktur verbessern. Durch eine standardisierte, automatisierte Abwicklung von Routinetransaktionen, die viel Personalaufwand kosten und gleichzeitig nicht profitabel sind, können Banken ihre Kosten senken. Bei der Verhandlung von Kooperationen können Banken den FinTech-Unternehmen im Gegenzug ebenfalls Vorteile bieten, sodass beide Parteien von einem Zusammenschluss profitieren. Dazu gehört zum Beispiel die bereits aufgebaute Infrastruktur einer Bank oder der Besitz einer Banklizenz, deren Erwerb sehr aufwendig und kostspielig ist. Im Endeffekt nutzen Banken dadurch die Stärken der Start Ups und bieten diesem im Gegenzug einen Partner und eine Intrastruktur. Kooperationen sind aus Sicht von FinTechs ebenfalls attraktiv, weil der Erfolg und die Generierung von Erträgen mit Ge-

---

[130] Vgl. Dapp, 2014, S. 20.

[131] Vgl. Deutsche Bundesbank, 2016, online im Internet.

[132] Vgl. Deutsche Bundesbank, 2016, S. 80; Dapp, 2014, S. 17; Tiberius/ Rasche, 2017, S. 18; Kinting/ Wißmann, 2016, S. 7; Dorfleitner/ Hornuf, 2016, S. 41; Romanova/ Kudinska, 2016, S. 27; Romanova/ Kudinska, 2016, S. 30.

schäftsmodellen im Finanzsektor, die nur einen Teil der Wertschöpfungskette abdecken, sehr schwer ist.[133]

Technologie schafft Transparenz. Viele Informationen sind über das Internet zugängig. Dies reduziert Informationsasymmetrien. Das wiederum wirkt sich negativ auf die volkswirtschaftliche Daseinsberechtigung der Banken aus (siehe Kapitel 2.2). Außerdem werden durch Technologien Analysen der Informationen verbessert. Durch Big Data-Analysen sind beispielsweise Risikokalkulationen oder Bonitätseinschätzungen der Kunden möglich, ohne dass dafür eine lange Kundenbeziehung Voraussetzung ist. Mit Hilfe von Tracking-Tools können Informationen zu Nutzern gesammelt und zur Erstellung präziser Nutzerprofile verwendet werden. Auf Basis dieser Nutzerprofile können wiederum gezieltere Ansprachen erfolgen und Abschlüsse generiert werden. Ein Risiko für Geschäftsmodelle von Kreditinstituten ist die bessere Verfügbarkeit und die effiziente Nutzung von Informationen.[134] Außerdem ist die aus der Payment Service Directive II resultierende Open Access-Regelung auch an dieser Stelle zu erwähnen, weil Banken die ihnen vorhandenen Informationen zukünftig leichter zugängig machen müssen.[135]

Hinsichtlich der Analyse von Kundeninformationen besteht für Banken die Chance, vertrauensschaffende Maßnahmen zu ergreifen. Konkret umgesetzt in Form einer klaren und offenen Kommunikation gegenüber dem Kunden. Es ist wichtig, den Kunden abzuholen und ihm zu helfen, die Systeme im Hintergrund zu verstehen. Auf dieser Basis hat dieser gegenüber der Bank ein höheres Vertrauen.[136]

Passend zu dem Faktor Vertrauen haben Banken gegenüber FinTechs außerdem einen weiteren Vorteil: die Mentalität der deutschen Bevölkerung in Bezug auf Nutzung neuer Bezahlverfahren oder beispielsweise Online oder Mobile Payment. Neue Möglichkeiten werden nur sehr langsam in der Bevölkerung angenommen und genutzt. Einerseits sind FinTechs in den letzten Jahren sehr präsent. In der Literatur finden sich viele Ausführungen zu dem veränderten Kundenverhalten und den Ansprüchen der Digital Natives an das Banking. Gleichzeitig zeigen Studien und Befragungen ein anderes Bild. Die Ergebnisse einer von der Wirt-

---

[133] Vgl. Weidmann, 2017, online im Internet; Deutsche Bundesbank, 2016, S. 75; Tiberius/ Rasche, 2017, S. 27; Kröner, 2017, S. 29-31; Dümmler/ Steinoff, 2015, S. 80.

[134] Vgl. Weidmann, 2017, online im Internet; Deutsche Bundesbank, 2016, S.75; Dapp, 2014, S. 19; Dapp, 2014, S. 25.

[135] Vgl. Romanova/ Kudinska, 2016, S. 32; Dorfleitner/ Hornuf, 2016, S. 47.

[136] Vgl. Dapp, 2015, S. 15.

schaftsprüfungsgesellschaft Ernst & Young initiierten Befragung von 1.400 Verbrauchern zeigen, dass ca. nur die Hälfte der Bevölkerung überhaupt Online Banking nutzt bzw. Online Banking auf dem Smartphone wird nur von ca. 20% der Bevölkerung genutzt. Dieselbe Befragung hat außerdem ergeben, dass ca. 88% der Befragten auf die Frage nach der zukünftigen Nutzung der Apps und Onlineangebote im Bereich Finanzen angeben, kein Interesse daran zu haben, diese auszuweiten.[137]

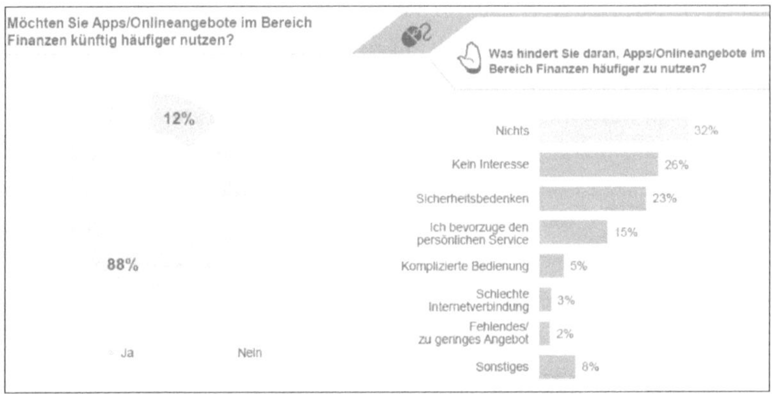

Abbildung 22: Interesse an der verstärkten Nutzung von Apps im Bereich Finanzen[138]

Außerdem scheinen die meisten Nutzer nur Überweisungen zu tätigen. Nur ein Prozent der Befragten gibt an, Kreditanträge über die Online-Antragsstrecke zu stellen.[139] Von dieser Trägheit der Bevölkerung profitieren Banken. Denn trotz vielfältiger neuer, moderner und komfortabler Anwendungen, nutzen die meisten Kunden offenbar noch immer das persönliche Angebot der Banken.[140] Dadurch erreichen FinTechs bisher nur das Segment der Early Adopters[141], die ein großes Interesse an Finanz-Apps haben.[142]

---

[137] Vgl. Deutsche Bundesbank, 2015, S. 77; Dapp, 2014, S. 20; o.V., 2017c, S. 4; o.V., 2017c, S. 10; Ernst & Young, 2017, online im Internet.

[138] o.V., 2017c, S. 4.

[139] Vgl. o.V., 2017c, S. 7.

[140] Vgl. Kinting/ Wißmann, 2016, S. 7.

[141] Gruppe von Anwendern, die ein hohes Interesse an Neuheiten aufweisen; Vgl. Springer Gabler Verlag, 2017g, online im Internet.

[142] Vgl. Tiberius/ Rasche, 2017, S. 18.

Ein weiteres Risiko ergibt sich aus der Eigenschaft der Immaterialität der Bankdienstleistungen heraus. Dadurch, dass Dienstleistungen im Gegensatz zu Sachgütern eine relativ kurze Entwicklungsphase haben, können sie wesentlich schneller auf den Markt gebracht werden.[143] Das bedeutet aus Sicht der Kreditinstitute eine erhöhte Dynamik auf dem Markt durch kurzfristig entwickelte technologische Anwendungen. Die Herausforderung für Banken ist es, auf neue Produkte von Konkurrenten schnell zu reagieren.

Durch die Digitalisierung der Finanzdienstleistungen ergeben sich neue operationelle Risiken für Banken im IT-Bereich.[144] Das Thema IT-Sicherheit ist allerdings nicht nur für Banken sondern auch für FinTechs sehr bedeutend. Beide müssen einen reibungslosen und sicheren Ablauf der Prozesse sicherstellen. Diesbezüglich haben Banken durch ihre Expertise bessere Chancen auf das notwendige Vertrauen seitens der Kunden in die Sicherheit der Transaktionen. Die offene Kommunikation dieser Stärke ist empfehlenswert.[145]

Neue Wettbewerber, die in den Markt eintreten und Substitutionsgüter für klassische Bankprodukte anbieten, bedeuten aus der Perspektive der Banken zunächst eine Bedrohung. Durch die neuen Anbieter können Banken potenziell Marktanteile bzw. Erträge verlieren.[146] Eine Chance für das Geschäftsmodell eines Kreditinstituts ergibt sich aus den Impulsen, die von den neuen Wettbewerbern ausgehen. Durch neue Anbieter wie beispielsweise Auxmoney, die mit schlanken modernen Prozessen den Banken Konkurrenz machen, sind diese dazu gezwungen, an den eigenen Prozessen zu arbeiten und diese weiter zu entwickeln. Die bestehenden Modelle und Vorgehensweisen werden kritisch hinterfragt und auf Optimierungspotenziale überprüft.[147]

---

[143] Vgl. Büschgen, 1999, S. 312.

[144] Vgl. Dombret, 2016, online im Internet.

[145] Vgl. Dapp, 2014, S. 31.

[146] Vgl. Deutsche Bundesbank, 2016, S. 79; Kröner, 2017, S. 28.

[147] Vgl. Pfaff/ Bernius/ Bertram, 2016, S. 34 f.; Baxmann, 2010, S. 128 f.

4.3 Zusammenfassende Matrixdarstellung des SWOT-Modells

	Stärken	Schwächen
Interne Betrachtung: Geschäftsmodell von Kreditinstituten **Externe Betrachtung:** FinTechs	1. Kundenvorteile durch Universalbank-Modell. 2. Know-how, Ressourcen, Expertise für komplexe Beratung vorhanden. 3. Vertrauenspartner der Kunden. 4. Expertise Kalkulation von Konditionen und Risiken. 5. Breite Informationsbasis vorhanden. 6. Infrastruktur vorhanden. 7. Zugang zu günstiger Refinanzierung. 8. Erfahrung im Umgang mit aufsichtsrechtlichen Vorschriften. 9. Kostenvorteile durch Synergieeffekte. 10. Risikodiversifikation durch breites Kunden- und Produktspektrum.	1. Fehlende Flexibilität. 2. Regulatorik und Niedrigzinslage schmälern die Erträge. 3. Infrastruktur teuer und nicht profitabel. 4. Potenziale aus Informationen werden nicht ausgeschöpft. 5. Siloprinzip des Organisationsaufbaus. 6. Immaterielle Dienstleistung erschwert Planung.
Chancen 1. Effizienzsteigerung durch Technologien. 2. Neue Vertriebswege erhöhen Absatzpotenziale. 3. Kostenstrukturen verbessern durch Kooperationen. 4. Nicht profitable Prozesse werden durch FinTechs dargestellt. 5. Payment Service Directive II: Regulierung von Zahlungsverkehr-FinTechs. 6. Vertrauensschaffende Maßnahmen bei der IT-Sicherheit. 7. Mentalität der Bevölkerung. 8. Aus neuen Wettbewerbern resultieren Impulse zur Weiterentwicklung eigener Prozesse.	→ *ausbauen*	→ *absichern*
Risiken 1. FinTechs werben Kunden durch Mehrwerte ab, Banken verlieren Marktanteile. 2. Über ,Cross-Selling' wachsendes Vertrauen übernehmen FinTechs weitere Geschäftsfelder. 3. Payment Service Directive II: Open-Access-Regelung macht Informationen zugänglicher. 4. Herauslösen profitabler Wertschöpfungselemente schmälert den Ertrag der Banken. 5. Attraktivere Preise. 6. Transparenz reduziert Informationsasymmetrie. 7. Big Data Analysen ermöglichen gezielte Kundenansprachen. 8. Dynamik des Marktes.	→ *aufholen*	→ *meiden*

Abbildung 23: Ergebnisse der SWOT-Analyse dargestellt in der SWOT-Matrix[148]

---

[148] Eigene Darstellung.

4.4 Überprüfung der Anforderungen

Bei der Beurteilung ob FinTechs Antagonisten des klassischen Geschäftsmodells eines Kreditinstituts sind oder nicht ist eine allgemeine, für alle FinTech-Unternehmen zutreffende Aussage nicht möglich. Wie bereits an einigen Stellen in dieser Arbeit beschrieben sind die Geschäftsmodelle der FinTechs dafür zu heterogen. Anhand der in Kapitel 2.4 aufgestellten Anforderungen soll in diesem Abschnitt eine differenzierte Einschätzung zu der Frage nach dem disruptiven Potenzial der FinTechs erfolgen.

Eine der Anforderungen ist, dass den Unternehmen genügend Kapital zur Entwicklung zur Verfügung steht. Anhand der Beispiele N26 und Auxmoney sieht man, dass hohe Investitionen in die Unternehmen getätigt werden. Auch eine allgemeine Betrachtung des FinTech-Marktes in Deutschland zeigt einen Zuwachs der Investitionen in FinTechs, wobei die Investitionsvolumina im Jahr 2016 im Vergleich zum Jahr 2015 geringer ausfallen. Im Vergleich zu Großbritannien sind die Investitionen im Jahr 2016 größer.

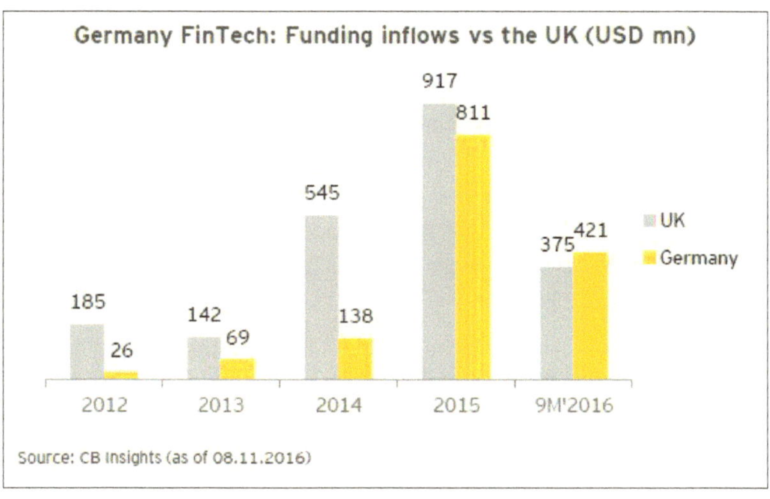

Abbildung 24: Finanzierungen der FinTechs UK und Deutschland im Vergleich[149]

Den größten Finanzierungsdeal erhält im Jahr 2016 die Direktbank N26 mit 40 Mio. US-Dollar, gefolgt von der Plattform Finanzcheck.de mit 38 Mio. US-Dollar.

---

[149] o.V., 2016, S. 5.

Germany FinTech: Top Funding Deals in 2016

FinTech	Segment	Funding (USD mn)
1. N26	Banking & Lending	40
2. Finanzcheck.de	eMarketplaces, Aggregators & Intermediaries	38
3. Spotcap	Banking & Lending	32
4. Orderbird	Payments	23
5. Friendsurance	InsurTech	15
6. Kreditech	Banking & Lending	11
7. Payleven	Payments	10

Source: EY Analysis

Abbildung 25: Die Top Finanzierungsdeals 2016

Neben der vom Unternehmen Ernst & Young veröffentlichten Studie, wird der Trend auch von anderen Untersuchungen des Marktes bestätigt.[150] Die Anforderung des verfügbaren Kapitals wird erfüllt. Es ist zu beobachten, wie sich die Investitionen in den nächsten Jahren entwickeln.

Eine weitere definierte Anforderung ist die Akzeptanz seitens der Kunden. An dieser Stelle muss nach Zielgruppen differenziert werden. Während die Digital Natives und Early Adopters von den modernen Anwendungen der FinTechs angesprochen werden, gibt es einen sehr großen Teil der Bevölkerung, der hinsichtlich der Adaption und Akzeptanz der App-basierten und webbasierten Lösungen träge ist.[151] Insgesamt lässt sich sagen, dass FinTechs in Deutschland noch nicht flächendeckend akzeptiert sind.

Eine aufsichtsrechtliche Lockerung bzw. erhöhte Regulierung der FinTechs beeinflusst die zukünftige Entwicklung des FinTech-Marktes und damit auch das disruptive Potenzial. Die Bundesanstalt für Finanzdienstleistungsaufsicht hat im Dezember des Jahres 2016 ihr Projekt zum Thema FinTechs abgeschlossen. Während dieses Projektes habe man die zunehmende Bedeutung der Technologien für die Finanzindustrie erkannt. Ziel des Projektes ist unter anderem die Kommunikation mit den Unternehmen zur Sicherstellung einer adressatengerechten auf-

---

[150] Vgl. Hach et al., 2016, S. 6; Comdirect, 2016, online im Internet.
[151] Vgl. o.V., 2017c, S. 7; Ernst & Young, 2017, online im Internet.

sichtsrechtlichen Handhabung. Ergebnis des Projektes sind auf der Homepage der
Bundesanstalt für Finanzdienstleistungsaufsicht veröffentliche Hilfestellungen für
die Start Ups, welche aufsichtsrechtlichen Anforderungen bei den jeweiligen Geschäftsmodellen zu berücksichtigen sind.[152] Die aufsichtsrechtliche Akzeptanz ist
seitens der Bundesanstalt für Finanzdienstleistungsaufsicht vorhanden. Bei einer
Umsetzung der Sandbox-Regelung für FinTechs analog zu Großbritannien würden
die regulatorischen Hürden gesenkt, was weitere Gründungen bzw. die Etablierung am Markt vereinfachen würde.

Langfristig betrachtet müssen FinTechs rentable Geschäftsmodelle vorweisen, um
eine disruptive Wirkung haben zu können. Viele der Start Ups haben einen kurzen
Lebenszyklus und stellen ihre Geschäftstätigkeit wieder ein.[153] Gleichzeitig gibt es
auch erfolgreiche FinTech, die sich etablieren und wachsen wie die Beispiele
Number26 und Auxmoney zeigen. Allerdings ist die Auxmoney GmbH trotz der
marktführenden Position seit der Gründung in 2007 nicht rentabel. Diese Anforderung scheinen viele FinTechs nicht zu erfüllen.

Eine weitere Anforderung ist, dass klassische Kreditinstitute vom Markt gedrängt
werden, weil sie nicht mit der Dynamik des Unternehmensumfeldes Schritt halten
und sich zu sehr auf die Bedürfnisse des vorhandenen Kundenstammes fokussieren. Eine Verdrängung der Kreditinstitute vom Markt ist aktuell nicht feststellbar.
Erkennbar beispielsweise an der Online-Banking-Quote von ca. 50% oder der feh-
lenden Bereitschaft, Apps zukünftig mehr für Finanzgeschäfte zu nutzen.[154] Allerdings ist am Beispiel der N26 Direktbank zu sehen, dass die Anzahl der Kunden
stetig wächst. Die Veränderung der Marktanteile in der Zukunft zugunsten der
FinTechs ist nicht ausgeschlossen.

FinTechs können außerdem nur ein disruptives Potenzial innehaben, wenn diese
gegen die etablierten Institute arbeiten. Dies ist bei den meisten FinTechs nicht
der Fall. Viele der Unternehmen sind an Kooperationen mit Banken interessiert.[155] Allerdings gibt es auch hier Gegenbeispiele wie den Robo-Advice-
Anbieter Vaamo, der offensiv damit wirbt, besser zu sein als eine Bank.[156]

---

152 Vgl. BaFin, 2017d, online im Internet.
153 Vgl. Dorfleitner/ Hornuf, 2016, S. 15 f.
154 Vgl. o.V., 2017c, S. 7; Ernst & Young, 2017, online im Internet.
155 Vgl. Hach et al., 2016, S. 6; Kautz, 2017, online im Internet.
156 Vgl. Winter, 2015, online im Internet.

Des Weiteren ist eine Anforderung, dass die digitalen Prozesse den stationären überlegen sind und dass alle Geschäftsprozesse digitalisiert werden können. Hier ist die Vertrauenssensibilität der Bankgeschäfte zu berücksichtigen. Der persönliche Faktor ist durch App-Anwendungen nicht zu ersetzen.[157] Der Großteil der deutschen Bevölkerung ist nicht daran interessiert, die App-Nutzung für Bankgeschäfte auszuweiten.[158] Am Beispiel der N26 Direktbank und Auxmoney ist erkennbar, dass sich viele Prozesse standardisiert und digital darstellbar sind. Hier herrscht bei den Banken und Sparkassen noch Potenzial zur Effizienzsteigerung. Allerdings können komplexe, individuelle, ganzheitliche Beratungen noch nicht durch FinTechs, die sich auf nur ein Element der Wertschöpfungskette konzentrieren, dargestellt werden.

Weiterhin ist die Schaffung eines Mehrwerts durch die Nutzung von FinTechs eine der definierten Anforderungen. Die Schaffung einer optisch ansprechenden Oberfläche für die ansonsten gleichen Prozesse oder Produkte reicht dafür nicht aus. FinTechs müssen darüber hinaus neue Verhaltensmöglichkeiten schaffen.[159] Ob diese Anforderung erfüllt ist, hängt von dem jeweiligen Geschäftsmodell ab. Beispielsweise erfüllen FinTechs des Segments Personal Financial Management diese Anforderung nicht. Sie stellen nur eine neue Oberfläche zur Verfügung. Andere FinTechs, beispielsweise des Segments Crowdfunding, schaffen eine neue Möglichkeit der Finanzierung und somit einen echten Mehrwert für die Nutzer.

Die letzte der definierten Anforderungen lautet, dass Disruption im engeren Sinne die Zerstörung bereits bestehender Märkte bedeutet. Auch diese Anforderung ist differenziert zu betrachten. Oberflächlich betrachtet agieren FinTechs auf einem bereits von Banken und Sparkassen erschlossenen Markt. Genauer betrachtet werden durch allerdings FinTechs teilweise Kundensegmente erschlossen, die vorher nicht angesprochen wurden.[160] Beispielsweise Crowdfunding ist eine alternative Finanzierungsmöglichkeit vor allem für Kunden, die aufgrund mangelnder Bonität kein Kredit bei einer Bank erhalten. Auch im Bereich des Banking werden durch die auf Digital Natives zugeschnittenen Anwendungen Kundensegmente angesprochen, die bisher von den Produkten des klassischen Kreditin-

---

[157] Vgl. Dapp, 2015, S. 25.
[158] Vgl. o.V., 2017c, S. 7; Ernst & Young, 2017, online im Internet.
[159] Vgl. Kröner, 2017, S. 29.
[160] Vgl. Kröner, 2017, S. 29.

stituts nicht avisiert werden. Ein anderes Beispiel für die Schaffung eines neuen Marktes ist Social Trading. Dieses Konzept stammt von FinTech-Unternehmen. Demnach adressieren FinTechs hauptsächlich Bedürfnisse, für die es vorher gar keine Lösung gab. Die Anforderung bereits bestehende Märkte zu zerschlagen wird von den meisten FinTechs aktuell nicht erfüllt. Allerdings gibt es neben den FinTechs, die solche komplementären Produkte und Dienstleistungen anbieten auch welche, die Substitutionsgüter anbieten.[161] In diesen Feldern konkurrieren FinTechs direkt mit klassischen Kreditinstituten. Beispielsweise die N26 Direktbank, ehemals Number26 GmbH, bietet mit ihrer Produktpalette klassische Finanzprodukte an.

In der Gesamtheit betrachtet kann man im Zusammenhang mit FinTechs nicht von einer Disruption sprechen, sondern mehr von einer Weiterentwicklung oder Veränderung des Finanzsektors durch die neuen Technologien. Unter den aktuellen Rahmenbedingungen wie der mangelnden Akzeptanz durch die Nutzer, den rechtlichen Hürden und geringen Marktanteilen haben FinTechs keine disruptive Wirkung.

---

[161] Vgl. Romanova/ Kudinska, 2016, S. 28.

5 Handlungsempfehlungen für Kreditinstitute

Aus der vorangegangenen differenzierten Betrachtung der Kernkompetenzen von Kreditinstituten und der Analyse der Chancen und Risiken durch FinTechs lassen sich einige wichtige Handlungsempfehlungen für Kreditinstitute ableiten.

Auch wenn die Marktanteile der FinTechs momentan noch keine kritische Größenordnung erreichen, so macht das Wachstum der erfolgreichen FinTechs deutlich, dass gewisse Bedürfnisse bei den Kunden vorhanden sind, die durch die Angebote klassischer Banken und Sparkassen noch nicht befriedigt werden. Der Anteil der sogenannten Digital Natives an der Bevölkerung steigt stetig, was der normalen demografischen Entwicklung zuzuschreiben ist. Banken müssen die Relevanz dieser Entwicklung frühzeitig erkennen und in ihrer strategischen Planung berücksichtigen. [162]

Um auch zukünftig erfolgreich sein zu können, müssen Banken ihr Geschäftsmodell an die Anforderungen der Kunden anpassen, sprich digital und anwenderfreundlich werden. Dafür sollten die Kernkompetenzen des Kreditinstituts erarbeitet werden und den Chancen und Risiken durch FinTechs gegenüber gestellt werden. Die Felder, in den Kreditinstitute ihre Stärken haben und sich durch den FinTech-Trend Chancen ergeben, sollten ausgebaut werden. Es gilt von den Stärken der FinTech-Unternehmen zu profitieren und in den Feldern, in denen sich Risiken ergeben, aufzuholen. Dazu haben Banken und Sparkassen mehrere Handlungsoptionen.

Die erste Option ist die Investition in eine eigene IT- und Forschungsabteilung, die sich permanent mit dem FinTech-Markt beschäftigt[163] und in der Lage ist, zeitnah und flexibel Trends zu erkennen, zu beurteilen inwiefern der Trend für das Kreditinstitut relevant ist und Lösungen zu formulieren, zu entwickeln und umzusetzen. Diese Variante ist unter Umständen teuer, da klassische Kreditinstitute nicht die notwendigen Kapazitäten und Ressourcen für ein solches Team vorhalten. Eine Möglichkeit, die Investition effizienter zu gestalten wäre ein Zusammenschluss mehrerer Kreditinstitute, die gemeinsam an neuen Lösungen arbeiten. Des Weiteren können Banken, an Stelle des Aufbaus eines eigenen Innovation-Teams, in

---

[162] Vgl. Brill/ Dury/ Lipp, 2015, S. 13.

[163] Vgl. Experteninterview vom 04.09.2017 (Aus urheberrechtlichen Gründen nicht Teil dieser Publikation).

FinTechs investieren, deren Entwicklung als Kapitalgeber unterstützen und von den Innovationen profitieren.[164] Ein Profit aus der Investition kann in Form der Nutzung entwickelter Produkte gezogen werden, oder in Form eines Gewinns aus der Beteiligung.[165]

Eine weitere Option ist die strategische Kooperation mit FinTechs.[166] Wie bereits in Kapital 4.2 festgestellt, können bei einer Kooperation zwischen Bank und FinTech beide Parteien profitieren. Banken können FinTechs als Bausteine in ihre Wertschöpfungskette integrieren und diese damit optimieren. Sie werden effizienter, innovativer und verbessern ihre Kostenstrukturen. Gleichzeitig profitieren auch FinTechs von der Allianz mit einem etablierten Kreditinstitut. Banken haben bereits einen Kundenstamm, Lizenzen und Erfahrungen in Bereichen wie Regulatorik oder adäquater Kalkulation von Konditionen und Risiken. Dass für beide Seiten eine Win-Win-Situation vorliegt sollten Banken offen an FinTechs kommunizieren und in gemeinsame Verhandlungen mitnehmen. Viele FinTechs signalisieren die Bereitschaft, mit Banken zusammenzuarbeiten.[167]

Wichtig ist in jedem Fall, dass Banken ihre Organisation und die strategische Planung der hohen Marktdynamik anpassen müssen. Banken müssen flexibler werden und schneller auf aufkommende Trends reagieren können bzw. anstelle der passiven Position eine aktive Rolle annehmen. Innovationen im Bereich der Finanzdienstleistungen kommen aktuell überwiegend von Nicht-Banken. Banken sollten die zukünftige Entwicklung aktiv mitgestalten und dadurch ihre Wettbewerbsfähigkeit sichern. Das Geschäftsmodell sollte regelmäßig überprüft und angepasst werden. Bereits vorhandene komparative Stärken des Geschäftsmodells von Kreditinstituten sollten durch Banken offensiv für die Kommunikation dem Kunden gegenüber eingesetzt werden.[168]

Banken müssen sicherstellen, dass der Kunde und seine Bedürfnisse mehr in den Fokus rücken. Produkte, Prozesse und Kommunikation der etablierten Institute müssen darauf abgestimmt werden. Alle zur Verfügung stehenden und insbeson-

---

164 Vgl. Skan / Masood, 2015, S. 10.

165 Vgl. Pfaff/ Steffen/ Bertram, 2016, S. 67.

166 Vgl. Skan/ Masood, 2015, S. 9; Romanova/ Kudinska, 2016, S. 33; o.V., 2017b, S. 4; Dapp, 2015, S. 11; Kröner, 2017, S. 34.

167 Vgl. Kautz, 2017, online im Internet.

168 Vgl. Dapp, 2014, S. 13; Dapp, 2014, S. 21-23; Dapp, 2014, S. 28; Zollenkop/ Lässig, 2017, S. 73 f.

dere neue digitale Kanäle, müssen in die Struktur der Banken integriert werden und als Kommunikations- bzw. Vertriebskanäle genutzt werden. Für die Sicherstellung individueller und persönlicher Produktangebote müssen Banken effizient Kundendaten erheben und analysieren. Dafür empfiehlt sich die Nutzung moderner Technologien wie beispielsweise der Einsatz von Cookies zur Erstellung eines Nutzerprofils anhand des Verhaltens im Web.[169]

Die bisherige Vorgehensweise von Banken in Bezug auf ihre Digitalisierungsstrategie ist es, für jeweils einzelne Prozesse und Produkte eine separate digitale Lösung zu integrieren. Allerdings ist das in Zukunft nicht ausreichend. Die Strukturreform muss über die vielzähligen produktbezogenen Insellösungen hinausgehen und vielmehr den Aufbau eines Ökosystems orientiert an der Walled-Garden-Strategie als Zielbild haben. Unter der Walled-Garden-Strategie, aus dem Englischen übersetzt bezeichnet als Strategie eines eingezäunten oder ummauerten Gartens, ist ein Technologiekonzept zu verstehen. Die Idee des Konzeptes ist der Aufbau einer geschlossenen digitalen Plattform. Der Wechsel auf eine andere Plattform soll dem Nutzer durch beispielsweise hohen Zeit- oder Kostenaufwand erschwert werden. Der Anbieter der Plattform kontrolliert, welche Produkte und Inhalte vertrieben werden. Die Produkte sind dabei ausschließlich über das Ökosystem des Anbieters verfügbar. Bekannte Beispiele für erfolgreiche Geschäftsmodelle unter Anwendung der Walled-Garden-Strategie sind Apple und Amazon. Beide Unternehmen haben ein geschlossenes System mit exklusiven Produkten aufgebaut. Beispielsweise nutzt Amazon den Vertrieb günstiger Hardware, um darüber zukünftig digitale Inhalte zu vertreiben. Kunden, die einen Kindle bei Amazon erwerben, können die entsprechenden Bücher nur bei Amazon kaufen. Apple dagegen nutzt Inhalte für den Vertrieb von im Vergleich zu den Produktionskosten sehr teuren Geräten. Die drei Stärken eines Walled Gardens sind der Komfort für den Nutzer, die Möglichkeit des effektiven Schutzes vor Schadprogrammen und die Möglichkeiten der Monetarisierung. Diese drei Faktoren sind auch für die Anwendung auf ein Banken-Ökosystem geeignet. Durch die Implementierung dieser Strategie in das Geschäftsmodell der Banken können diese ihre Wettbewerbsfähigkeit in der Zukunft sichern.[170]

---

[169] Vgl. Lembke, 2015, S. 98 f.; Dapp, 2015, S. 14.
[170] Vgl. Dapp, 2015, S. 7 f.; Dapp, 2014, S. 18; Beuth, 2011, online im Internet.

Banken sollten zukünftig also offen sein und aktiv an der Veränderung des Finanzsektors mitwirken. Die Sparkassen-Finanzgruppe hat diese Notwendigkeit bereits erkannt und bietet mit dem S-Innovations-Hub FinTechs aus der ganzen Welt eine Anwendungsprogrammierschnittstelle, die an die Standards der Sparkassen angepasst ist. Entwickler können so ganz einfach neue Services entwickeln, die anschließend unproblematisch integriert werden können.[171]

Die technologischen, strategischen und prozessualen Anpassungen der Banken sind unabdingbar für die Sicherstellung zukünftiger Wettbewerbsfähigkeit. Allerdings gehört zu einem erfolgreichen Wandel des Unternehmens auch, das Personal in dieser Entwicklung einzubinden und mit dem notwendigen Know-How für die Praxis auszustatten. Bei einer Bank, bei der viele Routinegeschäfte automatisch und standardisiert werden, bekommt die Beziehungspflege und Kundenbindung einen höheren Stellenwert. Nicht nur Mitarbeiter im Vertrieb, sondern auch Mitarbeiter in internen Bereichen müssen zukünftig die Zusammenarbeit mit vielen neuen Partnern koordinieren.[172]

---

[171] Vgl. o.V., 2017d, S. 31.
[172] Vgl. Brill/ Drury/ Lipp, 2015, S. 13.

6 Schlussbetrachtung

Bedingt durch die Digitalisierung verändern sich die Rahmenbedingungen des Geschäftsmodells der Banken und Sparkassen. Zum einen sind diese Veränderungen teilweise in der Erwartungshaltung der Kunden spürbar. Das Interesse an digitalen Bankdienstleistungen steigt. Vor allem bei der Abwicklung von alltäglichen Transaktionen möchte der Kunde unabhängig von Öffnungszeiten eine simple, digitale Lösung.

Neben den Veränderungen im Kundenverhalten wandelt sich auch das Marktumfeld generell. Neue Wettbewerber, FinTechs, treten in den Markt und bieten innovative technologische Anwendungen für klassische Bankprodukte. Bisher ist das Produktangebot beschränkt auf Routineanwendungen bzw. wenig komplexe Produkte wie beispielsweise Lösungen für den Bereich Zahlungsverkehr und konzentriert sich in weiten Teilen auf das Privatkunden-Segment. Der deutsche Fin-Tech-Markt ist sehr dynamisch. Viele der gegründeten Start Ups schaffen es nicht, sich am Markt zu etablieren und Profit zu erzielen, sodass sie ihre Geschäftstätigkeit wieder einstellen müssen. Andere Beispiele wie ehemals Number26, jetzt N26 Direktbank mit Vollbanklizenz, sind nun einige Jahre am Markt und verzeichnen starkes Wachstum. Ob die Geschäftsmodelle der FinTechs in Deutschland langfristig am Markt bestehen und erfolgreich werden, lässt sich zu diesem Zeitpunkt pauschal nicht beantworten. Grund dafür ist zum einen der heterogene FinTech-Markt als solcher, aber auch die vielzähligen Determinanten, von denen die zukünftige Entwicklung abhängt. Zuverlässige oder genauere Prognosen lassen sich noch nicht formulieren.

Für Kreditinstitute heißt es vor diesem Hintergrund, die eigenen Kernkompetenzen herauszuarbeiten und zu fokussieren. Gleichzeitig sind einige Elemente des Geschäftsmodells zu modifizieren, um den Wandel von einem klassischen Kreditinstitut zu einem Banken-Ökosystem erfolgreich zu vollziehen. Die notwendigen Veränderungen des Geschäftsmodells betreffen die strategische, die organisatorische, die prozessuale aber auch die personelle Ebene.

Die Anpassung der organisatorischen Strukturen an das dynamische Marktumfeld und die Anpassung der Kommunikations- und Vertriebskanäle der Banken sind für die Sicherung des zukünftigen Bestehens unabdingbar. Um diese Veränderungen erfolgreich zu meistern, bieten sich strategische Allianzen mit den modernen FinTech-Unternehmen an. Aus den Stärken der Unternehmen lassen sich für Banken Chancen generieren. Durch eine Integration technologischer Lösungen lassen sich Kosten senken, Prozesse effizienter gestalten und die Absatz- bzw. Kommunikationswege ausweiten. Kreditinstitute sollten die Potenziale für Kostensenkungen wahrnehmen und den Fokus dafür auf ein optimiertes Kundenbindungs- und Kundenbeziehungsmanagement legen.

Auch FinTechs sind an der Zusammenarbeit mit Kreditinstituten interessiert. Beide Parteien haben die Möglichkeit, bei Kooperationen zu profitieren. FinTechs haben dadurch einen erfahrenen Partner, Banken können von der Innovationskraft profitieren und die eigenen Kostenstrukturen verbessern.

Für die Beantwortung der zentralen Frage dieser Arbeit lässt sich zusammenfassend sagen, dass FinTechs – zumindest nicht pauschal – als disruptiv bezeichnet werden können. Trotz der medialen Präsenz der neuen Unternehmen und der vielen Investoren zeigen die Ergebnisse der Umfragen und Studien, dass FinTechs noch nicht flächendeckende Akzeptanz der Kunden genießen. Unternehmen wie beispielsweise Auxmoney sind zwar mehrere Jahre geschäftstätig und können ein starkes Wachstum vorweisen – sind aber dennoch bis heute nicht rentabel. Diese Aussage wird auf der Basis der aktuellen Bedingungen getroffen. Zukünftig sind ein starkes Wachstum und eine zunehmende Akzeptanz der FinTechs nicht auszuschließen. Allerdings ist statt einer Disruption, also der Verdrängung der Banken vom Markt, eine Veränderung bzw. eine Weiterentwicklung des Geschäftsmodells der Banken wahrscheinlicher. Zum jetzigen Zeitpunkt werden die Anforderungen für eine disruptive Technologie überwiegend nicht erfüllt. Veränderungen der Rahmenbedingungen wie beispielsweise in regulatorischer Hinsicht sind denkbar und können damit Auswirkungen auf diese Einschätzung haben.

Literaturverzeichnis

Bücher, und Sammelwerke

Alt, Rainer/ Bernet, Beat/ Zerndt, Thomas (2009): Transformation von Banken: Praxis des In- und Outsourcings auf dem Weg zur Bank 2015 (E-Book), Berlin: Springer Gabler Verlag, DOI 10.1007/978-3-540-89834-4

Alt, Rainer/ Puschmann, Thomas (2016): Digitalisierung der Finanzindustrie: Grundlagen der Fintech-Evolution (E-Book), Berlin: Springer Gabler Verlag, DOI 10.1007/978-3-662-50542-7

Auge-Dickhut, Stefanie/ Koye, Bernhard/ Axel, Liebetrau (2015): Multichanneling als Kernelement zukunftsfähiger Geschäftsmodelle- Das ‚Züricher Modell der kundenzentrierten Bankarchitektur', in: Brock, Harald/ Bieberstein, Ingo (Hrsg.): Multi- und Omnichannel-Management in Banken und Sparkassen: Wege in eine erfolgreiche Zukunft (E-Book), Wiesbaden: Springer Gabler Verlag, DOI 10.1007/978-3-658-06538-6, S. 193-209

Auge-Dickhut, Stefanie/ Koye, Bernhard/ Liebetrau, Axel (2014): Client Value Generation: Das züricher Modell der kundenzentrierten Bankarchitektur, Wiesbaden: Springer Gabler Verlag, 2014

Benthien, Thomas (2000): Leistungen und Dienstleistungen der Kreditinstitute, in: Adrian/ Heidorn, Thomas (Hrsg.): Der Bankbetrieb: Das praxisorientierte Lehrbuch für Schule, Studium und Beruf, 15. Auflage, Wiesbaden: Gabler Verlag, 2000, S. 111-229

Bieberstein, Ingo (2015): Theorie- Besonderheiten der Distribution von Finanzdienstleistungen, in: Brock, Harald/ Bieberstein, Ingo (Hrsg.): Multi- und Omnichannel-Management in Banken und Sparkassen: Wege in eine erfolgreiche Zukunft (E-Book), Wiesbaden: Springer Gabler Verlag, DOI 10.1007/978-3-658-06538-6, S. 3-29

Börner, Christoph J. (2009): Renaissance der Universalbank?, in: Baxmann, Ulf G.: Geschäftsmodelle der Banken im Wandel, Frankfurt am Main: Frankfurt School Verlag, S. 111-141

Bott, Jürgen Kurt (2000): Kreditwirtschaft im gesamtwirtschaftlichen Umfeld, in: Heidorn, Adrian/ Heidorn, Thomas (Hrsg.): Der Bankbetrieb: Das praxisorientierte Lehrbuch für Schule, Studium und Beruf, 15. Auflage, Wiesbaden: Gabler Verlag, 2000, S. 20-56

Braun, Werner (2016): Qualitatives Vertriebsmanagement stellt Kunden in den Mittelpunkt, in: Hellenkamp, Detlef/ Fürderer, Kai (Hrsg.): Handbuch Bankvertrieb: Theorie und Praxis im Zukunftsdialog, Wiesbaden: Springer Gabler Verlag, 2016, S. 77-99

Braune, Alexander/ Landau, Christian (2016): FinTech- Digitale Transformation im Bankensektor, in: Schmallo, Daniel u.a. (Hrsg.): Digitale Transformation von Geschäftsmodellen: Grundlagen, Instrumente, Best Practices, Wiesbaden: Springer Gabler Verlag, 2016, S. 495-521

Brynjolfsson, Erik/ McAfee, Andrew (2014): The second machine age: work, progress, and prosperity in a time of brilliant technologies, New York: Norton, 2016

Büschgen, Hans (1999): Bankbetriebslehre: Bankgeschäfte und Bankmanagement, 5. Auflage, Wiesbaden: Gabler Verlag, 1999

Büschgen, Hans E./ Börner, Christoph J. (2003): Bankbetriebslehre, 4. Auflage, Stuttgart: Lucius & Lucius Verlagsgesellschaft, 2003

Dillerup, Ralf/ Stoi, Roman (2016): Unternehmensführung: Management & Leadership: Strategien- Werkzeuge- Praxis, 5. Auflage, München: Vahlen Verlag, 2016

Dümmler, Michael/ Steinoff, Volker (2015): Kundenemanzipation – Folgen für den Multikanalvertrieb von Regionalinstituten, in: Brock, Harald/ Bierberstein, Ingo (Hrsg.): Multi- und Omnichannel-Management in Banken und Sparkassen: Wege in eine erfolgreiche Zukunft (E-Book), Wiesbaden: Springer Gabler Verlag, DOI 10.1007/978-3-658-06537-9, S. 75-93

Frame, W. Scott/ White, Lawrence J. (2014): Technological Change, Financial Innovation, and Diffusion in Banking, in: Berger, Allen N./ Molyneux, Philip/ Wilson, John O. S. (Hrsg.): The Oxford Handbook of Banking, 2. Auflage, Oxford: Oxford University Press, 2014, S. 271-292

Heidorn, Thomas (2000): Kreditwirtschaft im gesamtwirtschaftlichen Umfeld, in: Heidorn, Adrian/ Heidorn, Thomas (Hrsg.): Der Bankbetrieb: Das praxisorientierte Lehrbuch für Schule, Studium und Beruf, 15. Auflage, Wiesbaden: Gabler Verlag, 2000, S. 1-20 und S. 56-79

Hellenkamp, Detlef (2015): Bankwirtschaft, Wiesbaden: Springer Gabler Verlag, 2015

Kern, Andreas (2017): Wikifolio: Social Trading, in: Tiberius, Victor/ Rasche, Christoph (Hrsg.): FinTechs: Disruptive Geschäftsmodelle im Finanzsektor (E-Book), Wiesbaden: Springer Gabler Verlag, DOI 10.1007/978-3-658-14187-5, S. 189-198

Kinting, Martin/ Wißmann, Stephanie (2016): Zukunftsfähiges Banking im perfekten Zusammenspiel zwischen Mensch und Technologie, in: Everling, Oliver/ Lempka, Robert (Hrsg.): Finanzdienstleister der nächsten Generation: Megatrend Digitalisierung: Strategien und Geschäftsmodelle, Frankfurt am Main: Frankfurt School Verlag, 2016, S. 3-31

Kröner, Matthias (2017): Best of Both Worlds: Banken vs. FinTech?, in: Tiberius, Victor/ Rasche, Christoph (Hrsg.): FinTechs: Disruptive Geschäftsmodelle im Finanzsektor (E-Book), Springer Gabler Verlag, DOI 10.1007/978-3-658-14187-5, S. 27-37

Kupke, Andreas/ Weber, Julia (2016): Kooperation statt Konfrontation – Kreditvergabeportale als Treiber der Digitalisierung von Banken, in: Everling, Oliver/ Lempka, Robert (Hrsg.): Finanzdienstleister der nächsten Generation: Megatrend Digitalisierung: Strategien und Geschäftsmodelle, Frankfurt am Main: Frankfurt School Verlag, 2016, S. 409-426

Lembke, Gerald (2015): Digitale Medien- Wie das Internet Kundenkommunikation und künftige Marktumfelder verändert, in: Brock, Harald/ Bieberstein, Ingo (Hrsg.): Multi- und Omnichannel-Management in Banken und Sparkassen: Wege in eine erfolgreiche Zukunft (E-Book), Wiesbaden: Springer Gabler Verlag, DOI 10.1007/978-3-658-06538-6, S. 93-101

Morrison, Alan D. (2014): Universal Banking, in: Berger, Allen N./ Molyneux, Philip/ Wilson, John O. S. (Hrsg.): The Oxford Handbook of Banking, 2. Auflage, Oxford: Oxford University Press, 2014, S. 113-139

Paul, Herbert/ Wollny, Volrad (2012): Instrumente des strategischen Managements: Grundlagen und Anwendung, München: Oldenbourg Verlag, 2012

Priewasser, Erich (2001): Bankbetriebslehre, 7. Auflage, München: Oldenbourg Wissenschaftsverlag, 2001

Romanova, Inna/ Kudinska, Marina (2016): Banking and Fintech: A Challenge or Opportunity?, in: Contemporary Issues in Finance: Current Challenges from Across Europe (E-Book), Emerald, DOI 10.1108/S1569-375920160000098002, S.21-35

Schierenbeck, Henner/ Hölscher, Reinhold (1998): BankAssurance: Institutionelle Grundlagen der Bank- und Versicherungsbetriebslehre, Stuttgart: Schaffer-Poeschel Verlag, 1998

Schierenbeck, Henner/ Lister, Michael/ Kirmße, Stefan (2014): Ertragsorientiertes Bankmanagement: Band 1: Messung von Rentabilität und Risiko im Bankgeschäft (E-Book), 9. Auflage, Wiesbaden: Springer Gabler Verlag, DOI 10.1007/978-3-8349-0824-7

Schmallo, Daniel (2013): Geschäftsmodelle erfolgreich entwickeln und implementieren: Mit Aufgaben und Kontrollfragen (E-Book), Berlin: Springer Gabler Verlag, DOI 10.1007/978-3-642-37994-9

Schmallo, Daniel (2013): Geschäftsmodell-Innovation: Grundlagen, bestehende Ansätze, methodisches Vorgehen und B2B-Geschäftsmodelle (E-Book), Wiesbaden: Springer Gabler Verlag, DOI 10.1007/978-3-658-00244-2

Schmallo, Daniel/ Rusnjak, Andreas (2016): Roadmap zur Digitalen Transformation von Geschäftsmodellen, in: Schmallo, Daniel (Hrsg.): Digitale Transformation von Geschäftsmodellen: Grundlagen. Instrumente, Best Practices, Wiesbaden: Springer Gabler Verlag, 2016, S. 1-33

Thiesmeyer, Markus (2015): Situation deutscher Banken und Sparkassen: Zeit zu handeln- nur wie?, in: Böhnke, Werner/ Rolfes, Bernd (Hrsg.): Neuausrichtung der Banken- Auf der Suche nach Ertragsquellen und Eigenkapital (E-Book), Wiesbaden: Springer Gabler Verlag, DOI 10.1007/978-3-658-10077-3, S. 13-29

Tiberius, Victor/ Rasche, Christoph (2017): Disruptive Geschäftsmodelle von FinTechs: Grundlagen, Trends und Strategieüberlegungen, in: Tiberius, Victor/ Rasche, Christoph (Hrsg.): FinTechs: Disruptive Geschäftsmodelle im Finanzsektor (E-Book), Springer Gabler Verlag, DOI 10.1007/978-3-658-14187-5, S. 1-27

Zollenkop, Michael/ Lässig, Ralph (2017): Digitalisierung im Industriegütergeschäft, in: Schmallo, Daniel u.a. (Hrsg.): Digitale Transformation von Geschäftsmodellen: Grundlagen, Instrumente und Best Practices (E-Book), Springer Gabler Verlag, DOI 10.1007/978-3-658-12388-8, S. 59-97

Studien und statistisches Datenmaterial

Brill, Jim/ Drury, Nicholas/ Lipp, Anthony (2015): Banking redefined: Disruption, transformation ad the next-generation bank, IBM Institute for Business Value (Hrsg.), 2015

Dapp, Thomas F. (2014): Fintech- Die digitale (R)evolution im Finanzsektor: Algorithmenbasiertes Banking mit human touch, Deutsche Bank Research (Hrsg.), 2014

Dapp, Thomas F. (2015):Fintech reloaded – Die Bank als digitales Ökosystem: Mit bewährten Walled Garden- Strategien in die Zukunft, Deutsche Bank Research (Hrsg.), 2015

Deutsche Bundesbank (2015): Zahlungsverhalten in Deutschland 2014:Dritte Studie über die Verwendung von Bargeld und unbaren Zahlungsinstrumenten, Deutsche Bundesbank (Hrsg.), 2015

Hach, Wolfgang et al. (2016): FinTechs in Europe- Challenger and Partner: Roland Berger Study, Roland Berger (Hrsg.), 2016

Huyer, Jan (2016): FinTechs als Konkurrenz zu klassischen Bankgeschäften hinsichtlich der Abwicklung des Zahlungsverkehrs, in: Deutsches Institut für Bankwirtschaft: Schriftenreihe: Band 13 (b) (12/2016), Deutsches Institut für Bankwirtschaft (Hrsg.), 2016

Deutsche Bundesbank (2016): Finanzstabilitätsbericht 2016, Deutsche Bundesbank (Hrsg.), 2016

Niebudek, Marcus/ Adelt, Marco (2015): Multikanalvertrieb in Zeiten der Digitalisierung: Online, offline und hybrid, Horváth & Partners (Hrsg.), 2015

o.V. (2016): German FinTech landscape: opportunity for Rhein-Main-Neckar, Ernst & Young GmbH (Hrsg.), 2016

o.V. (2017b): Branchen Kompass: Banking 2017, Sopra Steria Consulting/ F.A.Z.-Institut (Hrsg.), 2017

o.V. (2017c): Die Online-Herausforderungen für Banken: Ergebnisse einer Befragung von 1.400 Verbrauchern, Ernst & Young (Hrsg.), 2017

Pfaff, Donovan/ Bernius, Steffen/ Bertram, Christoph (2016): digital inside: Corporate Banking ohne Banken? Wie FinTechs die Financial Supply Chain als Überholspur nutzen und das Kundensegment der kleinen und mittleren Unternehmen angreifen, , Bonpago (Hrsg.), 2016

Puchalla, Gregor/ Kawohl, Julian (2017): Digitale Transformation von Banken 2017/2017: Auszug der wichtigsten Forschungsergebnisse, Fintechcube (Hrsg.), 2017

Schildbach, Jan (2012): Universalbanken: gut für Kunden und Finanzstabilität: Warum eine Aufspaltung falsch wäre, Deutsche Bank Research (Hrsg.), 2012

Skan, Julian/ Dickerson, James/ Masood, Samad (2015): The Future of Fintech and Banking: Digitally disrupted or reimagined?, Accenture (Hrsg.), 2015

Aufsätze in Zeitschriften und Loseblattwerke

Danker, Wiebke (2016): FinTechs: Junge IT-Unternehmen auf dem Finanzmarkt, in: BaFin-Journal, 01/2016, S. 16-19

o.V. (2017d): Vorhang auf für die Ideenschmiede der Sparkassen-Finanzgruppe, in: ITmagazin, 01/2017, S. 30-31

Dissertationen

Schmidt, Andreas (2014): Überlegene Geschäftsmodelle: Wertgenese und Wertabschöpfung in Turbulenten Umwelten, Dissertation, Potsdam, 2014

Internetquellen

Atzler, Elisabeth (2017): N26 will bis Jahresende 800.000 Kunden haben, in: Handelsblatt (Hrsg.), online im Internet, http://www.handelsblatt.com/finanzen/banken-versicherungen/smartphone-bank-n26-will-bis-jahresende-800-000-kunden-haben/19568320.html, Abfrage vom 28.08.2017

Auxmoney (2009): Jahresabschluss zum Geschäftsjahr vom 18.05.2007 bis zum 31.12.2007, online im Internet, https://www.bundesanzeiger.de/ebanzwww/wexsservlet, Abfrage vom 29.08.2017

Auxmoney (2011): Jahresabschluss zum Geschäftsjahr vom 01.01.2008 bis zum 31.12.2008, online im Internet, https://www.bundesanzeiger.de/ebanzwww/wexsservlet, Abfrage vom 29.08.2017

Auxmoney (2012a): Jahresabschluss zum Geschäftsjahr vom 01.01.2009 bis zum 31.12.2009, online im Internet, https://www.bundesanzeiger.de/ebanzwww/wexsservlet, Abfrage vom 29.08.2017

Auxmoney (2012b): Jahresabschluss zum Geschäftsjahr vom 01.01.2010 bis zum 31.12.2010, online im Internet, https://www.bundesanzeiger.de/ebanzwww/wexsservlet, Abfrage vom 29.08.2017

Auxmoney (2013a): Jahresabschluss zum Geschäftsjahr vom 01.01.2011 bis zum 31.12.2011, online im Internet, https://www.bundesanzeiger.de/ebanzwww/wexsservlet, Abfrage vom 29.08.2017

Auxmoney (2013b): Jahresabschluss zum Geschäftsjahr vom 01.01.2012 bis zum 31.12.2012, online im Internet, https://www.bundesanzeiger.de/ebanzwww/wexsservlet, Abfrage vom 29.08.2017

Auxmoney (2015): Jahresabschluss zum Geschäftsjahr vom 01.01.2013 bis zum 31.12.2013, online im Internet, https://www.bundesanzeiger.de/ebanzwww/wexsservlet, Abfrage vom 29.08.2017

Auxmoney (2016a): Wie funktioniert auxmoney?, online im Internet, http://www.auxmoney-wiki.de/wiki/so-funktioniert-auxmoney/, Abfrage vom 29.08.2017

Auxmoney (2016b): Jahresabschluss zum Geschäftsjahr vom 01.01.2014 bis zum 31.12.2014, online im Internet, https://www.bundesanzeiger.de/ebanzwww/wexsservlet, Abfrage vom 29.08.2017

Auxmoney (2017a): Kredit ohne Schufa, online im Internet, https://www.auxmoney.com/kredit/darlehen-kredit-ohne-schufa.html#ablauf, Abfrage vom 24.08.2017

Auxmoney (2017a): Logos von Auxmoney, online im Internet, https://www.auxmoney.com/presse/logos-von-auxmoney/, Abfrage vom 25.08.2017

Auxmoney (2017b): Über uns, online im Internet,
https://www.auxmoney.com/infos/ueber-uns, Abfrage vom 29.08.2017

Auxmoney (2017c): Die auxmoney GmbH, online im Internet,
http://www.auxmoney-wiki.de/, Abfrage vom 29.08.2017

Auxmoney (2017d): Kredit bei auxmoney: einfach und schnell Geld leihen, on-line im Internet, https://www.auxmoney.com/kredit, Abfrage vom
29.08.2017

Auxmoney (2017e): Die mobile Bank N26 und Kreditmarktplatz auxmoney ko-operieren: N26 erweitert Kreditangebot in Deutschland durch Partner-schaft mit auxmoney, online im Internet,
https://www.auxmoney.com/presse/n26-und-auxmoney-kooperieren/,
Abfrage vom 29.08.2017

Auxmoney (2017f): Statistiken: Wichtige Zahlen im Überblick, online im Inter-net, https://www.auxmoney.com/infos/statistiken, Abfrage vom
29.08.2017

Auxmoney (2017g): Sichern Sie sich beste Renditen: Und ermöglichen Sie an-deren ganz nebenbei ihre Ziele zu erreichen, online im Internet,
https://www.auxmoney.com/infos/geld-anlegen-mit-auxmoney, Abfrage
vom 29.08.2017

Auxmoney (2017h): Jahresabschluss zum Geschäftsjahr vom 01.01.2015 bis
zum 31.12.2015, online im Internet,
https://www.bundesanzeiger.de/ebanzwww/wexsservlet, Abfrage vom
29.08.2017

Auxmoney (2017i): Auxmoney hat halbe Milliarde Euro an Krediten ausgezahlt,
online im Internet, https://www.auxmoney.com/presse/auxmoney-hat-halbe-milliarde-euro-an-krediten-ausgezahlt/, Abfrage vom 29.08.2017

Auxmoney (2017j): Digitale Signatur macht Kreditaufnahme bei auxmoney
noch schneller und einfacher, online im Internet,
https://www.auxmoney.com/presse/digitale-signatur-macht-kreditaufnahme-bei-auxmoney-noch-schneller-und-einfacher/, Abfrage
vom 29.08.2017

BaFin (2016): Crowdfunding und der graue Kapitalmarkt, online im Internet,
https://www.bafin.de/DE/Verbraucher/GeldanlageWertpapiere/Investie
ren/Crowdfunding/crowdfunding_node.html, Abfrage vom 02.08.2017

BaFin (2017a): Robo-Advice - Automatisierte Anlageberatung und Portfolioverwaltung, online im Internet, https://www.bafin.de/DE/Verbraucher/Finanzwissen/Fintech/RoboAdvice/robo_advice_node.html, Abfrage vom 03.08.2017

BaFin (2017b): Unternehmensgründer und Fintechs, online im Internet, https://www.bafin.de/DE/Aufsicht/FinTech/fintech_node.html, Abfrage vom 03.08.2017

BaFin (2017c): Daten und Dokumente: Unternehmen: N26 Bank GmbH, online im Internet, https://portal.mvp.bafin.de/database/InstInfo/institutDetails.do?cmd=loadInstitutAction&institutId=145827, Abfrage vom 28.08.2017

BaFin (2017d): Fintechs: Beitrag aus dem Jahresbericht 2016, online im Internet, https://www.bafin.de/DE/PublikationenDaten/Jahresbericht/Jahresbericht2016/Kapitel2/Kapitel2_5/Kapitel2_5_1/kapitel2_5_1_artikel.html, Abfrage vom 04.09.2017

Beuth, Patrick (2011): Der „Walled Garden" ist kein Garten, online im Internet, www.zeit.de/digital/internet/2011-10/amazon-walled-garden, Abfrage vom 05.09.2017

Comdirect (2016): comdirect Fintech-Studie: Venture Capital-Investitionen knacken Milliardenmarke, online im Internet, https://www.comdirect.de/cms/ueberuns/media/cori1088_1156.pdf, Abfrage vom 04.09.2017

Dombret, Andreas (2016): Konsequenzen der Digitalisierung für Banken und die Bankenaufsicht: Rede beim 16. Norddeutschen Bankentag „Digitalisierung – (R)Evolution der Kreditwirtschaft" an der Leuphana Universität Lüneburg, online im Internet, https://www.bundesbank.de/Redaktion/DE/Reden/2016/2016_06_08_dombret.html, Abfrage vom 01.09.2017

Dombret, Andreas (2017): Die Niedrigzinspolitik der EZB – Fluch oder Segen für Wirtschaft, Verbraucher und Banken?: Vortrag beim Sparkassen- Gesprächsforum, online im Internet, https://www.bundesbank.de/Redaktion/DE/Reden/2017/2017_02_01_dombret.html, Abfrage vom 31.08.2017

Dorfleitner, Gregor/ Hornuf, Lars (2016): FinTech-Markt in Deutschland, online im Internet, http://www.bundesfinanzministerium.de/Content/DE/Standardartikel/Themen/Internationales_Finanzmarkt/2016-11-21-Gutachten-Langfassung.pdf?__blob=publicationFile&v=1, Abfrage vom 02.08.2017

Ernst & Young (2017a): Nur jeder Zweite nutzt Onlinebanking – knapp jeder Vierte hat Sicherheitsbedenken, online im Internet, http://www.ey.com/de/de/newsroom/news-releases/ey-20170723-nur-jeder-zweite-nutzt-onlinebanking-knapp-jeder-vierte-hat-sicherheitsbedenken, Abfrage vom 01.09.2017

Google (2017): Google Trends, Stichwort: FinTech, online im Internet, https://trends.google.de/trends/explore?date=today%205-y&q=Fintech, Abfrage vom 27.07.2017

Kautz, Carina I. (2017): Banken und Fintechs sehen gemeinsame Zukunft: Studie: An Open Banking führt kein Weg vorbei, online im Internet, https://www.boersen-zeitung.de/index.php?li=1&artid=2017115018&titel=Banken-und-Fintechs-sehen-gemeinsame-Zukunft, Abfrage 04.09.2017

Ludger Gooßens (2015): Innovationen im Zahlungsverkehr – was will der Kunde wirklich?, in: Deutsche Bundesbank (Hrsg.): Zahlungsverkehrssymposium der Deutschen Bundesbank 2015, S. 58-70, online im Internet, https://www.bundesbank.de/Redaktion/DE/Downloads/Veroeffentlichungen/Studien/zahlungsverkehrssymposium_2015.pdf?__blob=publicationFile, Abfrage vom 30.08.2017

N26 (2015a): Das modernste Girokonto Europas NUMBER26 startet, online im Internet, https://n26.com/content/uploads/2014/06/20150126-N26-press-release-DE.pdf, Abfrage vom 28.08.2017

N26 (2015b): Einzelhandel statt Bankfiliale, online im Internet, https://n26.com/content/uploads/2015/10/NUMBER26_Pressemitteilung-Cash26.pdf, Abfrage vom 28.08.2017

N26 (2015c): NUMBER26 fordert Geschäftsmodell klassischer Banken heraus: Dispokredit mit einem Klick: Der Grundstein für den FinTech Hub ist gelegt, online im Internet, https://n26.com/content/uploads/2014/06/NUMBER26_Pressemitteilung_Dispokredit.pdf, Abfrage vom 28.08.2017

N26 (2016a): Betrugsprävention im Mobile Banking durch künstliche Intelligenz: NUMBER26 erhält rund 700.000 € Fördergelder von der Investitionsbank Berlin, online im Internet, https://n26.com/content/uploads/2014/06/number26-pressemitteilung-ibb-foyrderung.pdf, Abfrage 28.08.2017

N26 (2016b): Stellungnahme Kündigungen bei Number26 / Start Fair-Use Policy, online im Internet, https://n26.com/content/uploads/2014/06/NUMBER26_Stellungnahme -Ku%CC%88ndigungen_Fair-Use-Policy.pdf, Abfrage vom 28.08.2017

N26 (2016c): Number26 erhält Banklizenz: N26 legt Grundstein für modernste und effizienteste Bank Europas, online im Internet, https://n26.com/content/uploads/2014/06/n26-pressemitteilung-banklizenz.pdf, Abfrage vom 28.08.2017

N26 (2016d): N26 Invest: Mit der Banklizenz baut N26 ihre Finanzplattform aus und startet ihr erstes Investment-Produkt, online im Internet, https://n26.com/content/uploads/2014/06/n26-pressemitteilung-n26invest.pdf, Abfrage vom 28.08.2017

N26 (2016e): iOS10 Launch: Payments via Sprachsteuerung und Chat: "Sende 5 Euro an Max." – Geld senden mit N26 und Siri, online im Internet, https://n26.com/content/uploads/2016/09/n26-pressemitteilung-ios10launchpaymentsviasprachsteuerungundchat.pdf, Abfrage vom 28.08.2017

N26 (2016f): N26 nutzt seine Banklizenz und startet Echtzeit-Konsumentenkredite, online im Internet, https://n26.com/content/uploads/2014/06/n26credit-pressemitteilung.pdf, Abfrage vom 28.08.2017

N26 (2017a): Firmenlogo, online im Internet, https://n26.com/content/uploads/2014/06/n26-branding-logo-web.png, Abfrage vom 25.08.2017

N26 (2017b): Pressemitteilungen, online im Internet,
https://n26.com/presse/?lang=de, Abfrage vom 28.08.2017

N26 (2017c): Fact sheet: NUMBER26: Your bank account, how it should be,
online im Internet,
https://n26.com/content/uploads/2014/06/number26-facts.pdf, Abfrage vom 28.08.2017

N26 (2017d): Fact sheet: N26: The mobile bank, online im Internet,
https://n26.com/content/uploads/2014/06/n26-factsheet-may2017.pdf,
Abfrage vom 28.08.2017

N26 (2017e): Mobile Bank mit der ersten Native App Integration des Mastercard Secure Code: N26 bietet Kunden mehr Sicherheit bei Online Zahlungen, online im Internet,
https://n26.com/content/uploads/2017/07/n26-pressemitteilung-3dsecure.pdf, Abfrage vom 28.08.2017

N26 (2017f): N26 wird führende mobile Bank in Europa, online im Internet,
https://n26.com/content/uploads/2014/06/n26-pressemitteilung--n26-wird-fuyhrende-mobile-bank-in-europa.pdf, Abfrage vom 28.08.2017

N26 (2017g): N26 und WeltSparen kooperieren bei Sparprodukten: N26 und
WeltSparen bieten innovatives Sparen zu attraktiven Konditionen, online
im Internet,
https://n26.com/content/uploads/2014/06/20170510pressreleasesavin
gsn26-weltsparende.pdf, Abfrage vom 28.08.2017

N26 (2017h): Mobile Bank N26 und deutsches Insurtech Clark digitalisieren
Versicherungsmarkt: N26 und Clark lancieren digitalisierten Versicherungsservice für N26 Kunden, online im Internet,
https://n26.com/content/uploads/2017/06/pressemitteilung-n26-insurance.pdf, Abfrage vom 28.08.2017

N26 (2017i): Die Mobile Bank N26 und Kreditmarktplatz auxmoney kooperieren: N26 erweitert Kreditangebot in Deutschland durch Partnerschaft mit
auxmoney, online im Internet,
https://n26.com/content/uploads/2017/07/pressemitteilung-n26-kooperiert-mit-auxmoney-1.pdf, Abfrage vom 28.08.2017

N26 (2017j): Mobile Bank verzeichnet starkes organisches Wachstum: N26 steigert Kundenzahl auf über 500.000 Kunden, online im Internet, https://n26.com/content/uploads/2017/08/pm-500-k-mobile-bank-verzeichnet-starkes-organisches-wachstum.pdf, Abfrage vom 28.08.2017

N26 (2017k): Bildmaterial Download, online im Internet, https://n26.com/presse/?lang=de#press-pictures, Abfrage vom 29.08.2017

o.V. (2017a): N26 Bank GmbH, online im Internet, https://www.online-handelsregis-ter.de/handelsregisterauszug/be/Charlottenburg+%28Berlin%29/N/N26+Bank+GmbH/3573913, Abfrage vom 28.08.2017

o.V. (2017e): Leitzins Eurozone, online im Internet, http://www.leitzinsen.info/eurozone.htm, Abfrage vom 10.09.2017

Quirion (2017): Unsere digitale Vermögensverwaltung auf einen Blick, online im Internet, https://www.quirion.de/service-beratung/unsere-preise/, Abfrage vom 24.08.2017.

Springer Gabler Verlag (2017a): Gabler Wirtschaftslexikon, Stichwort: FinTech, online im Internet, http://wirtschaftslexikon.gabler.de/Archiv/-2046338299/fintech-v1.html, Abfrage vom 26.07.2017

Springer Gabler Verlag (2017b): Gabler Wirtschaftslexikon, Stichwort: Geschäftsmodell, online im Internet, http://wirtschaftslexikon.gabler.de/Archiv/154125/geschaeftsmodell-v10.html, Abfrage vom 07.08.2017

Springer Gabler Verlag (2017c): Gabler Wirtschaftslexikon, Stichwort: Informationsasymmetrie, online im Internet, http://wirtschaftslexikon.gabler.de/Archiv/923/informationsasymmetrie-v9.html, Abfrage vom 20.08.2017

Springer Gabler Verlag (2017d): Gabler Wirtschaftslexikon, Stichwort: SWOT-Analyse, online im Internet, http://wirtschaftslexikon.gabler.de/Archiv/326727/swot-analyse-v3.html, Abfrage vom 20.08.2017

Springer Gabler Verlag (2017e): Gabler Wirtschaftslexikon, Stichwort: Innovation, online im Internet, http://wirtschaftslexikon.gabler.de/Archiv/54588/innovation-v10.html, Abfrage vom 20.08.2017

Springer Gabler Verlag (2017f): Gabler Wirtschaftslexikon, Stichwort: Disruptive Technologien, online im Internet, http://wirtschaftslexikon.gabler.de/Archiv/-2046143106/disruptive-technologien-v3.html, Abfrage vom 20.08.2017

Springer Gabler Verlag (2017g): Gabler Wirtschaftslexikon, Stichwort: Frühadopter, online im Internet, http://wirtschaftslexikon.gabler.de/Archiv/57533/fruehadopter-v5.html, Abfrage vom 10.09.2017

Statista (2016): Fintech in Deutschland, online im Internet, https://infographic.statista.com/normal/infografik_6718_fintech_in_deutschland_n.jpg, Abfrage vom 25.08.2017

Weidmann, Jens (2017): Digital Finance – Chancen nutzen, ohne Risiken zu vernachlässigen: Begrüßungsansprache zur G20- Konferenz „Digitising finance, financial inclusion and financial literacy", online im Internet, http://www.bundesbank.de/Redaktion/DE/Reden/2017/2017_01_25_weidmann.html?nsc=true, Abfrage vom 01.09.2017

Wikifolio (2017): Unsere Vision, online im Internet, https://www.wikifolio.com/de/de/ueber-wikifolio/vision, Abfrage vom 03.08.2017

Winter, Thorsten (2015): Der kecke Fonds-Neuling, online im Internet, http://www.faz.net/aktuell/rhein-main/wirtschaft/finanz-start-up-vaamo-aus-frankfurt-der-kecke-fonds-neuling-13696915.html, Abfrage vom 04.09.2017